竞合关系赋能企业
财务数字化的机制研究

张守文 著

山东大学出版社
SHANDONG UNIVERSITY PRESS
·济南·

图书在版编目(CIP)数据

竞合关系赋能企业财务数字化的机制研究 / 张守文著.—济南:山东大学出版社,2024.2
ISBN 978-7-5607-8108-2

Ⅰ. ①竞… Ⅱ. ①张… Ⅲ. ①海尔集团公司－企业管理－财务管理－数字化－研究 Ⅳ. ①F275

中国国家版本馆 CIP 数据核字(2024)第 038256 号

责任编辑 邵淑君
封面设计 杜 婕

竞合关系赋能企业财务数字化的机制研究
JINGHE GUANXI FUNENG QIYE CAIWU SHUZIHUA DE JIZHI YANJIU

出版发行 山东大学出版社
社　　址 山东省济南市山大南路 20 号
邮政编码 250100
发行热线 (0531)88363008
经　　销 新华书店
印　　刷 济南乾丰云印刷科技有限公司
规　　格 720 毫米×1000 毫米 1/16
　　　　 8.5 印张 118 千字
版　　次 2024 年 2 月第 1 版
印　　次 2024 年 2 月第 1 次印刷
定　　价 50.00 元

前　言

“十四五”规划纲要提出“以数字化转型整体驱动生产方式、生活方式和治理方式变革”，标志着数字化转型已从经济层面上升为国家战略。在数字时代背景下，企业经营管理环境具备两个突出特点：一是产品创新速度加快，消费者个性化需求越发突出，企业面临的竞争环境越来越激烈，易变性、不确定性、复杂性和模糊性成为市场环境的“新常态”。二是数字技术的关联性和开放性促进不同行业、不同地区的企业间进一步连接、互动并传递价值，形成了以生态圈为代表的创新商务模式。在生态圈中，企业仅依靠自身的资源与能力是远远不够的，越来越多的企业选择通过建立既竞争又合作的竞合关系抱团取暖，应对市场挑战。

在企业内部，诸多数字技术如区块链、大数据、云计算、人工智能、神经网络等，正在不断地被应用于会计领域，财务数字化已成为企业数字化转型的重要环节。企业应结合新的数字技术、商务模式、组织结构、管理工具等发展需求，思考财务组织如何从传统职能部门转变为与生态圈中利益相关者建立价值共创共享的关系，从而推动企业价值创造和整个商业生态繁荣。

基于上述背景，本书以海尔集团为研究对象，采用单案例研究设计，探究了组织内竞合关系赋能企业财务数字化的作用机制。具体而言，本书将主研究问题拆分为三个层次的子研究问题，并在第三章至第五章分别回答：(1)数字情境下组织内竞合关系如何形成与演化；(2)组织内竞合如何赋能财务组织数字化转型；(3)数字情境下组织内竞合如何与管理会计工具协同。

第三章关注数字情境下组织内竞合关系的形成与演化过程。研究发现：(1)组织内竞合关系由竞合原则设定、团队内竞合和团队间竞合三个层次构成。竞合原则为组织内竞合设定边界约束和正式制度，团队内竞合由“强竞争—弱合作”向“弱竞争—强合作”演化，团队间竞合由“强竞争—弱合作”演化为“强竞争—强合作”。(2)数字技术的作用机制主要表现在价值导向、能力激活与资源协同三个方面，体现了重塑组织价值创造方式的逻辑。(3)与传统情境不同，数字情境下组织内竞合在主体、触发点、特征、驱动力和演化路径等方面呈现出不同的逻辑。

第四章讨论组织内竞合赋能财务组织数字化转型的作用机制。研究表明：(1)数字技术的运用、与技术环境适配的企业组织结构是企业集团财务组织成功数字化转型的因素要件。(2)财务组织通过与内部利益相关者建立主动式竞合关系，与外部利益相关者建立合作主导关系，构成了生态圈价值共创与价值共享的基础。(3)与内外部关键利益相关者建立的主动式竞合关系，有利于企业在提高运营管理效率、降低成本费用、增加研发创新等方面实现价值共创，并通过生态圈模式进行价值共享。

第五章分析数字情境下组织内竞合与管理会计工具协同的机制。研究发现：(1)组织授权通过自主承诺、三权下放和建立主动竞合机制，明确员工权责范围，提高员工工作动力，激励员工价值创造。利用数字技术，企业以数字契约化的方式进一步明确、固定组织授权的规则和价值导向。(2)从预算管理角度看，在数字技术的帮助下,自主承诺促使预算目标更具竞争性,三权下放提升了预算执行的灵活性和完成度,主动竞合则强化了预算沟通的必要性。企业利用组织授权从预算目标制定、预算沟通、预算控制与执行等方面全面提升预算管理效能。(3)从业绩评价与激励角度看,借助于数字系统,自主承诺促使个人、团队与企业目标精准融合,精准测度员工产出增强了三权下放的管理效果,对员工实时评价和激励兑现进一步激发了员工和团队主动竞合的动力。

总的来说,本书采用案例研究法,通过将案例实践与理论文献进行反复比较、迭代,探索了数字情境下组织内竞合关系形成与演化机制、组织内竞合与财务组织数字化转型机制以及组织内竞合与管理会计工具协同机制,并提出了相应的理论模型。相较于以往文献,本书能够对组织内竞合与财务数字化转型机制研究做出一定的补充,同时也能够为其他企业制定组织内竞合管理策略,并利用组织内竞合关系助力财务数字化转型、提升管理会计应用效果提供经验模板和实践启示。

张守文

2023 年 12 月

目　录

第一章　研究概述

本章对本书的选题背景、选题意义、研究方法、研究对象、结构安排、研究创新等内容进行了简要概括，以期帮助读者尽快了解本书全貌。

一、选题背景与意义

本节主要介绍本书的选题背景和选题意义，具体如下。

（一）选题背景

随着“十四五”规划的出台，数字化成为一项重要的国家战略。根据埃森哲与国家工业信息安全发展研究中心联合发布的《2022中国企业数字化转型指数》研究报告，2018—2022年中国企业数字化转型指数由37分增长至52分，基本呈现稳步增长趋势。在数字技术情境下，企业经营管理环境具备两个突出特点：一是产品创新速度加快，消费者个性化需求越发突出，企业面临的竞争环境越来越激烈，易变性、不确定性、复杂性和模糊性（Volatility，Uncertainty，Complexity，Ambiguity，简称VUCA）已成为市场环境的“新常态”。二是数字技术的关联性和开放性促进企业间的交流和互动，扩大了企业获取资源和知识的范围。为应对数字环境的变化，传统垂直供应链结构被颠覆，职能部门的界限被打破，来自不同行业、不同地区的企业和个体相互连接并传递价值，推动了以生态圈为代表的创新商务模式的涌现。在生态圈中，企业仅依靠自身的资源与能力是远远不够的，越来越多的企业选择通过建立既竞争又合作的竞合关系抱团取暖，应对市场挑战。在数字情境下，不仅组织间竞合的深度与广度得到拓宽，而且一些企业管理者将竞合理念主动引入组织内部，鼓励员工间、团队间积极开展竞争与合作活动，组织内竞合的应用得到了深化。

在企业内部，越来越多的数字技术如区块链、大数据、云计算、人工智能、神经网络等，正在不断地被应用于会计领域，财务数字化成为企业财务组织转型的方向。企业应从生态圈各利益相关者的视角，思考财务组织如何从传统职能部门转变为与利益相关者价值共创共享，从而推动企业价值创造和商业生态发展。在财务数字化的过程中，企业急需创新管理制度以提高核心竞争力，这进一步激发了企业主动应用各种管理会计工具的热情。然而不可否认的是，目前企业管理会计工具应用效果与理论预期仍有差距。例如，预算管理存在预算松弛、预算固化、预算系统与业务系统不对接等问题，激励管理中也存在团队成员“搭便车”、激励过程“黑匣子”、“鞭打快牛”及激励边际效益递减等痛点。在 VUCA 时代，管理会计工具面临“计划赶不上变化”的形势。因此，企业如何利用数字技术改善管理会计应用效果，成为学术界与实务界共同关注的焦点之一。

基于上述背景，本书的主要研究目的是回答组织内竞合如何赋能企业财务数字化。本书将从财务组织和管理会计工具两个角度展开机制分析，研究问题具体可拆解为以下三个子研究问题：

(1)数字情境下组织内竞合关系如何形成与演化;(2)组织内竞合如何赋能财务组织数字化转型;(3)数字情境下组织内竞合如何与管理会计工具协同。

(二)选题意义

面对高度动态变化和竞争激烈的商业环境,建立富有价值的外部关系对企业的生存与发展至关重要。竞合关系是企业外部关系中不可或缺的组成部分,受到越来越多学者的关注。以往文献对组织间竞合的前因、过程、结果、管理策略等方面均有讨论,然而并没有对组织内部门间、团队间以及团队成员间的竞合进行深入探讨。由于二者研究情境存在差异,组织间竞合的研究结论也不完全适用于组织内竞合的情境。与此同时,在企业数字化转型过程中,部门间的信息壁垒被打破,各部门通力合作,共同挖掘数据背后蕴藏的衍生价值,为企业提供更多发展机会。数字技术对组织间竞合的行为、范围、效率等均产生了深刻影响,但对组织内竞合关系有何影响,既有文献尚未做出回答。基于此,本书考察数字情境下组织内竞合关系如何形成与演化,有助于补充组织内竞合的相关理论研究并为企业竞合实践提供借鉴。

从财务组织数字化视角看,现有关于财务组织数字化转型的文献仍聚焦于概念解读、理论框架构建、实践案例介绍等方面。在新的竞争模式下,数字化财务组织与企业生态圈中利益相关者建立了怎样的关系,又如何驱动多方实现价值共创与价值共享,其作用机制与效果尚待丰富,尤其是对企业财务组织与内部利益相关者关系的讨论更是少有文献涉及。因此,本书讨论在数字情境下财务组织如何与生态圈中利益相关者通过组织内竞合赋能,这将有助于补充财务组织数字化转型的相关研究。

从管理会计工具应用视角看,数字技术发展为解决管理会计工具的实践问题提供了契机。企业可以借助多样的数字化技术详细记录、精准测度员工的工作行为和信息，通过搭建沟通渠道加强上下级、同级之间的沟通，实时评价员工业绩，以控制、纠正预算偏差，实现精准预算和精准激励。然而，不同组织的管理会计工具应用效果千差万别，我们不能单纯地将其归因于外部环境、信息技术应用或内部管理会计知识掌握的差异。大多数企业管理会计创新关注的是工具、方法或体系等技术层面的优化，却缺乏基于组织整体层面的制度基础，这是影响我国管理会计工具应用效果的重要原因。因此，本书关注数字情境下组织内竞合如何与管理会计工具协同，如何进一步提高管理会计工具应用效果，既有助于从理论上建立数字情境下组织授权与管理会计工具应用的协同机制模型，丰富管理会计应用的相关文献，也有助于从实践上为其他企业未来更好地提升管理会计工具应用效果提供经验启示。

二、研究方法与研究对象

本书以海尔集团为研究对象，采用单案例研究设计，回答组织内竞合如何赋能企业财务数字化的问题。本节主要阐述选择单案例研究方法的原因，介绍案例对象，解释选择案例企业的原因。

（一）研究方法

本书采用探索性单案例研究方法，主要原因包含以下几点。一是本书关注的研究问题包括组织内竞合关系如何形成与演化、财务组织如何与内外部利益相关者竞合实现数字化转型、组织内竞合如何与管理会计工具协同等。这些问题均属于“怎样（How）”和“为什么（Why）”类问题（Yin，2013），而案例研究方法适合探讨过程类和机制类问题。二是组织内竞合过程、数字化转型过程、协同机制是复杂的动态过程，采用纵向研究有助于识别并厘清这一过程中的重要事件节点、行为机制与影响结果。过程类研究问题对数据的丰富性和全面性具有较高的要求，单案例研究方法更能够保证案例研究的深度。三是当现有文献对组织内竞合关系的形成与演化过程、作用机制的研究并不十分深入和完善时，采用探索性案例研究方法有助于发现新的理论洞见（Eisenhardt and Graebner，2007；毛基业和李高勇，2014）。

在开展案例分析的过程中，本书将采用一阶/二阶结构化数据分析方法，对资料数据进行编码并提炼构念，再建立起构念之间的关系，然后涌现理论（Gioia et al.，2013）。编码初期，团队中两名拥有质性资料分析经验的成员对原始数据进行“背对背”编码。当成员对编码结果有歧义时，双方深入交流后根据熟悉质性研究及该研究领域的专家意见，最终形成一致编码结果。在不断提炼编码的过程中，本书使用现有理论与概念诠释数据的同时，保持一种批判的态度洞察数据背后的内在含义，提高编码的客观性。具体而言，本书首先使用受访者的语言进行一阶分析，提炼一阶概念，并对其进行归类。其次，在一阶概念的基础上，使用以研究者为中心的概念和维度，反复比较迭代后归纳二阶主题。最后，对具有理论相似性的二阶主题进行整合，形成聚合构念。综上，经过三个阶段不断穿插迭代后，本书将得到一个由一阶概念、二阶主题和聚合构念组成的数据结构，用于提炼理论框架。

（二）研究对象

1.研究对象介绍

本书以海尔集团（以下简称“海尔”）为案例研究对象展开分析。海尔创立于1984年，定位于全球领先的美好生活和数字化转型解决方案服务商。作为实体经济的代表，海尔目前布局智慧住居和产业互联网两大主赛道，致力于建设高端品牌、场景品牌与生态品牌，以科技创新为全球用户定制智慧生活，助推企业实现数字化转型，助力经济社会高质量发展、可持续发展。

海尔旗下拥有海尔智家、海尔生物与盈康生命 3 家上市公司，海尔、卡萨帝、统帅等 7 个全球化高端品牌和全球首个智慧家庭场景品牌“三翼鸟”。海尔在全球设立了 10 个研发中心、71 个研究院、35 个工业园、138 个制造中心和 23 万个销售网络。2022 年，海尔全球营业收入达 3506 亿元，品牌价值达 4739.65 亿元。

秉持“以用户为中心”的理念，从 1984 年创业至今，海尔的发展共历经 6 个战略阶段：名牌战略（1984—1991 年）、多元化战略（1991—1998 年）、国际化战略（1998—2005 年）、全球化品牌战略（2005—2012 年）、网络化战略（2012—2019 年）和生态品牌战略（2019 年至今）。近年来，海尔致力于从制造业企业向生态平台型企业转型，目前已经打造出多个生态平台，如工业互联网平台卡奥斯（COSMOPlat）、创业平台海创汇等。截至 2024 年 2 月，海创汇已孵化出 7 家独角兽企业、102 家瞪羚企业和 124 家专精特新“小巨人”企业。

海尔一直是理论研究、企业实践、课堂教学等诸多领域的经验案例，这离不开其丰富的管理理念和管理创新实践，如创客、人单合一、用户付薪、自主经营体、小微组织、链群合约、共赢增值表等。本书无法对海尔所有的管理创新一一介绍与讨论，第三章至第五章将围绕链群合约、人单合一、用户付薪等内容着重展开分析，相应理念的内容和机制将在对应章节介绍。

2.选择案例企业的原因

基于典型性与理论抽样的原则，本书的案例选择特别强调案例的典型特征及其与研究问题的契合度(Eisenhardt and Graebner,2007;Gioia et al.,2013)。根据核心问题及研究情境,本书选择海尔作为案例研究对象,主要原因如下。

一是案例的适配性。本书的研究问题聚焦于组织内竞合的过程以及竞合赋能财务组织和管理工具的机制,需要案例企业内部具备充分的竞合发展过程,并且财务组织和管理会计工具受到竞合的深刻影响。

第一,针对组织内竞合充分发展的条件,2007 年起,海尔开始建设自主经营体,将规模庞大的"正三角"科层组织颠覆为面向市场的"倒三角"组织(戴天婧等,2012)。经过十余年的发展,自主经营体逐渐演化为成熟的链群范式。为了快速响应用户需求,激发企业活力与能力,链群团队间的竞争与合作得到了充分的发展,这为本书研究组织内竞合问题提供了典型的研究情境。2019 年,海尔探索出一套数字化架构辅助链群形成、运营、管理、评价等,被称为"链群合约系统"。通过深入剖析链群合约系统这一数字化体系,本书能够回答数字技术对组织内竞合关系的作用机制这一问题。

第二,针对财务组织转型和管理会计工具应用的条件,海尔自 2006 年开始探索传统财务转型,是国内首批建设财务共享中心的企业。自 2014 年起,海尔进行财务数字化转型,尝试构建物联网范式、衡量生态价值的财务系统,目前已搭建的数字财务平台能提供 10 种财务语言服务,设立 15 大类场景,管理 20 余种货币和全球 4 大现金池。此外,链群这种权变的自组织方式符合新技术下企业组织特征要求,体现了环境与资源双重导向交互匹配的过程。海尔的案例为观察与研究财务组织数字化转型过程中的驱动因素、过程机制与结果以及管理会计工具应用等提供了良好的研究情境。

二是案例数据的可获得性。由于海尔的鼎力支持,本书能够进行多轮实地访谈与内部资料获取，以确保案例资料遵循 Yin (2013)提出的“三角验证”的要求。这是本书进行案例研究的重要客观基础。具体而言，本书数据收集方式涵盖一手数据资料、二手数据资料与参与式观察等 3 种，数据收集历时近 2 年(2020 年 11 月至 2022 年 10 月)。其中，一手数据资料主要来源于半结构化访谈。研究团队对海尔进行了 3 次实地访谈和 4 次线上访谈，访谈累计约 40 人次，访谈时长约 28 小时。为保证数据的准确性和完整性，每次深度访谈均有不少于 5 人参与和 2 人记录，单次访谈时间控制在 1—2 小时。访谈完成后，研究团队通过微信、电话等回访方式对部分访谈内容进行了核实确认。为保证访谈数据的有效性，录音文字整理工作均在访谈结束后 24 小时之内进行，录音文本资料共计约 29 万字。

为保证研究信度、效度，除半结构化访谈外，本书还采用多种二手数据收集方法来提升结论的稳健性，主要包括：(1)参与式观察，包括参观财务平台工作现场、三翼鸟体验店、卡奥斯平台展示厅，观察链群合约系统日常操作等。(2)企业内部资料，如海尔链群团队、三自平台等部门汇报的 PPT，海尔研究院的研究报告，领导讲话记录等。(3)公开性外部资料，包括海尔官网、社交媒体的宣传资料、海尔出版的图书、相关访谈报道等。

三是案例的启发性。本书着重探索数字情境下组织内竞合关系的形成与演化机制、组织内竞合与财务组织数字化转型机制，以及组织内竞合与管理会计工具协同机制。一方面，通过剖析海尔链群团队的竞合行为，有助于提取三个机制的理论模型，对已有文献缺口做出补充；另一方面，在强调组织形态敏捷性、数字技术深化发展的趋势下，探索海尔如何利用数字技术构建、管理、应用组织内竞合关系，有助于为企业激活价值创造能力、实现资源协同提供经验启示和实践指导。

三、结构安排

本书共六章。第一章为研究概述，主要阐述本书研究背景、研究意义、研究方法、研究对象等；第二章为理论基础，介绍竞合理论、资源编排理论和商业生态系统理论，为后文理论分析奠定基础；第三章至第五章为核心章节，分别讨论数字情境下组织内竞合关系的形成与演化机制、组织内竞合关系与财务组织数字化转型机制，以及组织内竞合关系与管理会计工具协同机制；第六章为研究结论与未来展望，为后续研究提供思路。

本书结构安排与技术路线如图 1.1 所示。

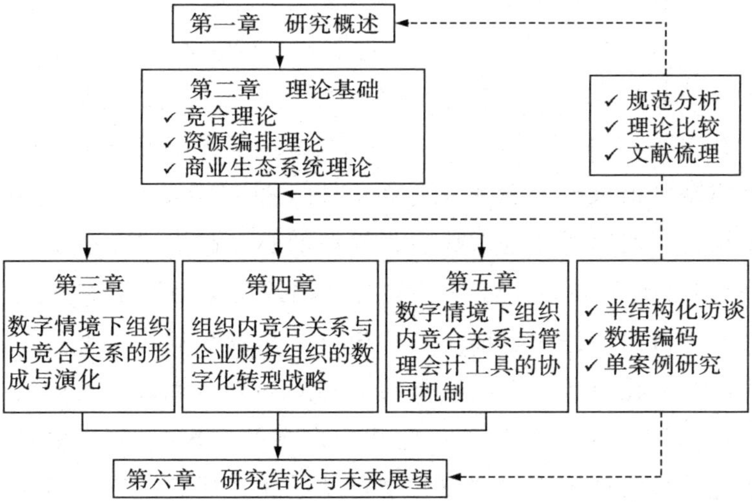

图 1.1 本书结构安排与技术路线

四、研究创新与贡献

本书研究创新和贡献主要体现在以下几个方面。

首先，本书分析了组织内不同层次竞合关系的形成与演化过程，以及数字技术对这一过程的作用机制，并提炼出相应的理论框架。这部分的研究贡献在于：一是详细区分并讨论了组织内不同层次竞合关系的形成与演化过程，呈现了团队内和团队间竞合关系的边界、规则与内容，能够弥补现有文献缺乏组织内竞合研究的缺口。二是创新性地将数字化纳入组织内竞合的考量范畴，拓展了现有文献关于数字情境下竞合关系的研究范围。三是揭示了传统情境与数字情境下组织内竞合关系的不同特征，既是对传统情境下组织内竞合关系的梳理，也是在数字经济时代对组织内竞合关系规律与特点的新探索，能够为后续研究提供新的视角。

其次，本书基于利益相关者视角，提出了集团财务组织数字化转型驱动价值共创与价值共享的机制。这部分的研究贡献在于：一是探讨了集团财务组织数字化转型的驱动因素以及驱动因素的作用机制，研究结论对财务组织数字化转型驱动因素和作用机制相关研究做出了进一步细化与补充。二是以利益相关者视角探索了集团数字化财务组织如何驱动生态圈各方实现价值共创与价值共享，挖掘了竞合关系在这一过程中发挥的作用，拓展了财务组织数字化转型实现价值共创与共享机制的相关研究。三是讨论了集团数字化财务组织与内部利益相关者竞合关系的建立，呈现了企业内主动式竞合的形成机制，并分析其对企业价值创造与价值共享的影响。这一研究过程为组织内竞合关系的研究提供了更丰富的研究场景。

最后，本书通过剖析海尔链群合约系统的机制原理，讨论了在数字情境下组织授权与管理会计工具的协同机制。这部分的研究贡献在于：一是从理论上纳入外部数字技术和内部制度基础两个维度的因素，分析如何提升管理会计应用效果，建立了数字情境下组织授权与管理会计工具应用的协同机制模型。二是从实践上展示了海尔数字系统搭建逻辑和组织授权制度内涵，为其他企业未来更好地提升管理会计应用效果提供了经验模板和实践启示。

第二章　理论基础

根据本书的研究主题，本章分别对竞合理论、资源编排理论与商业生态系统理论进行简要概述，为后续分析数字情境下组织内竞合关系演化与赋能财务组织数字化转型提供理论基础。

一、竞合理论

Brandenburger 和 Nalebuff(1996)首次提出“竞合”(Co-opetition)的概念，即主体之间同时存在竞争与合作的关系。他们将竞合关系比喻成“做蛋糕、分蛋糕”的过程，企业之间会因共同利益目标进行合作，即“做大蛋糕”，但同时又因自身利益最大化而相互竞争，即“多分蛋糕”。

企业选择竞合战略的动机大致分为三类。第一，扩大当前市场规模或者开拓全新市场。此时竞争者们的主要目的是通过相互协作取得渐进式创新或突破式创新，即改善现有产品和服务，或者创造全新的产品和服务，为客户提供新的产品附加价值，同时分担开发过程中的风险和成本(Belderbos et al., 2004)。第二，有效利用现有资源稳定当前市场份额。企业间通过建立联盟整合利用相似资源,在开展任务时减少资源重复耗费并分担风险(Dussauge et al., 2000)。第三,保护现有市场份额的同时,占领剩余市场份额。企业通过拉拢它们的主要竞争对手,保护自己的竞争地位和利益,并支持新的技术变革,从而影响整个行业的竞争态势。

由于竞争与合作之间固有的矛盾,竞合过程往往是动态的、复杂的。描述竞合关系动态演化主要有两种方式:一是困境方式,即认为竞争与合作分别处于一条线段的两端,合作会导致竞争,竞争达到一定程度又开始合作,竞合则处于中间状态(Tidstrom and Hagberg-Adersson, 2012)。二是悖论方式,即将竞争与合作分别表示在两个不同方向的坐标上,四个象限代表竞争与合作两方面的变化分类(Bengtsson and Kock, 2000)。例如 Luo(2004)将竞争策略分为竞争寻租(高竞争、低合作)、垄断寻租(低竞争、低合作)、合作寻租(低竞争、高合作)与协同寻租(高竞争、高合作)四种类型。

以往研究多从经济绩效、创新绩效、市场绩效、关系绩效等维度讨论竞合结果,竞合给企业带来的影响既有正面的,也有负面的。例如,企业通过建立竞合契约稳定交易关系,缓解信息不对称,降低企业外部交易成本和内部组织成本,提高组织效率,为企业绩效带来积极作用(Luo and Rui, 2009;杜占河和原欣伟,2017)。同时,竞合中的机会主义行为、资源溢出、误解与冲突等问题又会对绩效产生负面影响(Bengtsson and Kock, 2000;Bouncken and Fredrich, 2012;黄传峰等, 2021)。

二、资源编排理论

Wernerfelt(1984)提出的资源基础观(Resource-Based View, 简称 RBV)将研究关注点从组织外部行业结构如何决定组织战略进而影响竞争优势,转向探索使企业获得与维持竞争优势的组织内部资源的一般特征,开拓了战略管理研究的新方向。资源编排理论则从行动视角对资源基础观做出了补充。

基于资源管理模型(Sirmon et al., 2007)和资产编排模型(Helfat et al., 2007),Sirmon 等(2011)提出了资源编排理论(Resource Orchestration Theory)。资源编排理论通过将管理者动态管理能力(Adner and Helfat, 2003)嵌入资源演化、能力形成及能力利用的过程,整合了两种理论观点。基于此,资源编排理论认为,企业的持续竞争优势来源于企业资源、能力和管理者能力的组合(Chadwick et al., 2015)。这意味着,只有当资源被管理者有效编排和管理时,资源用于创造竞争优势的价值才能够真正实现(Sirmon and Hitt, 2003;Sirmon et al., 2007)。资源编排流程包括三个子阶段:一是构建资源组合(即资源结构化),指企业在获取、积累有价值资源的同时舍弃无用资源,建立企业发展所需的资源池。二是捆绑资源形成能力(即资源能力化),指企业通过学习和整合将资源作用于企业能力提升的过程,从而创新能力。三是利用资源创造价值(即资源杠杆化),指企业通过连接资源和能力释放价值资源,从而实现价值传递(Sirmon et al., 2007, 2011)。资源编排实现了资源的"组合建构—能力利用—价值传递"过程(Sirmon et al., 2007)。在每一段资源编排的过程中,资源是持续竞争优势的必要条件,通过整合零散资源形成的能力是中间产品,最终目的是提升资源利用效率(Makadok,2001)。

自资源编排理论提出以来,其已在创新、创业、供应链运营、战略变革、数字赋能等研究中得到广泛应用(张青和华志兵, 2020)。例如,有效的资源编排行动可以提高创新资源的投入产出效率,有助于企业进行社会创新、绿色创新、数字化创新等(Cui et al., 2017;Li and Jia, 2018)。尤其在数字情境下,企业基于权变理论,通过“资源构建—资源捆绑—资源撬动”的编排过程来整合传统资源与数字资源，实现企业效能全面提升（Carnes et al.，2017；苏敬勤等，2022；曹裕等，2023）。

三、商业生态系统理论

“生态系统”一词源自生物学，Moore（1993）将其引入管理学研究中，并将商业生态系统（Business Ecosystem）定义为“一种基于组织和个体互动的经济联合体”。1998年，他对定义进行了扩展，认为商业生态系统是由具有价值利益关系的组织或群体构成的动态结构系统，这个系统不仅包括组织本身，还包括组织的客户、供应商、竞争对手、合作伙伴、政府、工会、社会公共服务机构等利益相关者（Moore，1998）。商业生态系统依赖于共同的价值主张（Adner，2017），系统成员间通过合作、交流、共享等机制共同创造价值、分享价值，形成价值互动关系（Adner and Kapoor，2016；Autio and Thomas，2018；韩炜等，2021；孙新波和孙浩博，2022）。

商业生态系统的关键特征表现为以下三个方面。第一，共同价值主张是商业生态系统最核心的特征之一。商业生态系统需要充分考虑参与者的需求，将参与者的价值主张融入整体生态系统设计中，而不是单纯地聚焦于核心企业（Adner and Kapoor，2016；Hannah and Eisenhardt，2018）。第二，商业生态系统需要有相匹配的组织结构。按照在商业生态系统中的作用，企业可以被划分为基石型、坐收其利型、支配主宰型和缝隙型四类。不同的“生态位”代表了系统内的不同企业具有的价值属性和关联属性（马尔科·扬西蒂和罗伊·莱维恩，2006）。系统中的参与者需要对核心价值主张、参与者在生态系统中的位置及其所从事的价值活动达成共识。第三，商业生态系统是一个具备多样性的自适应系统。

多样性体现在生态系统参与者的层次和类型中，参与者可以是企业、供应商、客户、竞争者、政府等分布在核心价值链层、竞争层和环境支持层的多样主体，其处于生态系统的不同生态位。商业生态系统表现为参与者们的多边关系集合。同时，在核心组织的领导和治理下，各方参与者共同努力将商业生态系统建设成为一个适应外部环境的共生系统，体现了自组织、自适应、共同演化等特点（Lavic and Singh，2012；付广华，2019）。

随着数字技术的发展，数字情境下商业生态系统的构建与演化逐渐成为研究热点，数字商业生态系统（Digital Business Ecosystems，简称 DBE）的概念于 2000 年应运而生，它被认为是商业生态系统在数字时代的一种概念延伸。虽然学界对 DBE 的概念定义并未统一，但都较为认可 DBE 由数字生态系统和商业生态系统两个主要层次构成（韩洪灵和陈帅弟，2021）。在数字情境下，商业生态系统内各参与企业可以更加便利地获取以数据化形式呈现的资源、技术和客户信息，精准洞察、捕捉与挖掘客户需求，并通过数据分享与连接形成价值链接网络，促进生态系统的价值获取、价值创造与价值传递（Senyo et al.，2019）。

第三章　数字情境下组织内竞合关系的形成与演化

本书的研究主题之一是组织内竞合如何赋能企业财务数字化，在回答作用机制这一问题前，首先需要将组织内竞合关系的形成与演化过程描绘清晰。因此，本章主要关注数字情境下组织内竞合关系如何形成与演化，一方面为后续分析组织内竞合如何赋能企业财务数字化转型奠定基础，另一方面也是对数字经济时代下组织内竞合关系规律与特点的新探索。

一、问题提出与理论分析

在数字经济时代，数字技术正不断重塑组织的形态与价值创造方式。然而，以往文献并没有充分关注数字技术对组织内竞合的影响。本节将从现实需要和理论文献两个方面阐述本章研究问题存在的研究缺口，具体如下。

（一）问题的提出

随着数字技术应用不断深化、产品创新速度加快、消费者个性化需求越发突出，企业面临的竞争环境越来越激烈，VUCA特征似乎成为市场环境的“新常态”(李平,2020)。在实践中，企业单打独斗已不符合时代潮流，越来越多的企业选择通过建立既竞争又合作的竞合关系共同应对市场挑战。竞合是一种战略性、动态性的复杂过程，行为主体通过合作共同创造价值，同时基于竞争分别获取价值(Bouncken et al., 2015;黄传峰等,2021)。近年来，有关竞合关系的研究已经成为组织行为学与战略管理领域的重要前沿课题和研究焦点，并跨越从宏观到微观多个层次(Bengtsson and Raza-Ullah, 2016)。以往文献对于组织间竞合的前因、过程、结果、管理策略等方面均有多样的讨论(Bouncken et al., 2015; Bengtsson and Raza-Ullah, 2016;杜占河和原欣伟, 2017)，然而组织内部门之间、团队之间以及团队成员之间的竞合研究在整体上比较缺乏，尤其是对组织内竞合关系的形成与演化过程关注较少(Bendig et al., 2018;刘智强等,2019;周江华等,2019)。由于组织间与组织内竞合存在一定的差异，组织间竞合的研究结论并不能完全应用于组织内竞合的情境。因此，考察组织内竞合关系如何形成与演化，也有助于管理学领域对竞合关系进行更为全面和细致的了解。

不可忽视的是，在数字经济时代，数据已成为企业最重要的新生产要素与核心资产，数字技术正不断重塑组织的形态与价值创造方式(维克托·迈尔-舍恩伯格和肯尼斯·库克耶,2012;刘洋等,2020)。数字技术的关联性和开放性促进企业间的连接和互动，扩大了企业获取资源和知识的范围，也拓宽了组织间竞合的深度与广度，使组织间竞合不再遵循传统的线性结构，而是呈现多主体互动的网络化特征(Amit and Han, 2017;蔡莉等,2019)。数字技术对组织间竞合形态、竞合行为、竞合范围、竞合效率等方面均产生了深刻的影响(郭润萍等,2022)。在企业内部，数字技术打破了部门间的信息壁垒，通过流程贯通、资源汇聚和数据共享，各部门协同合作，不断挖掘数据背后蕴藏的衍生价值，为企业提供更多价值创造机会。然而，数字技术对组织内竞合的形成与演化有何影响，组织内竞合关系在传统情境与数字情境下有何区别，既有文献尚没有回答。

针对上述理论缺口，本章以海尔为案例分析对象，将研究问题聚焦于两个层次：一是组织内竞合关系如何形成与演化。二是数字技术对组织内竞合关系的形成与演化有何影响。基于案例分析，本章解构了组织内竞合关系的形成与演化过程，以及数字技术对组织内竞合关系形成与演化的“价值导向—能力激活—资源协同”作用机制，并提炼出传统情境与数字情境下组织内竞合关系五个维度的不同特征。这既是对传统情境下组织内竞合关系的梳理，也是在数字经济时代对组织内竞合关系规律与特点的新探索。

(二)理论分析

1.组织内竞合关系的形成

主体之间同时存在竞争与合作的关系被称为“竞合关系”，竞争与合作并不是完全互斥的，它们可能同时存在，并且相互影响(Brandenburger and Nalebuff，1996；Bengtsson and Kock，2000；Ritala，2012；Bouncken et al.，2015；李东红等，2020)。竞合既可以发生在企业之间，也可以发生在企业内部。企业内不同部门之间、团队之间、团队成员之间的竞争与合作关系，构成了组织内竞合的多个层次(Fernandez et al.，2014)。不同层次的竞合产生的原因往往存在一定的差异，例如，企业之间的竞合往往是迫于外界环境压力的战略行为，而企业内的竞合多半是企业制度设计

(Dussauge et al., 2000;Ritala, 2012;Ghobadi et al., 2017);企业部门之间会因为争夺企业稀缺资源而竞争,部门内部成员之间会因为争夺团队内的地位而竞争(Seran et al., 2016)。

企业的目标是整合内部资源与优势,不断提升核心竞争力。因此,无论是企业内部的各个部门,还是部门内的各位员工,都有着天生的合作需求。在企业内部统一的战略规划、组织安排和任务要求下,员工间、团队间、部门间通过有效沟通与合作,谋求绩效增长,保证企业目标的达成(刘智强等,2019)。现有文献对组织内竞合形成原因的研究可以分为两个层次。一是企业的制度安排。例如,管理层有意设定竞争性目标或强制组成竞争团队推动创新(Dussauge et al., 2000),部门间基于共同利益导向产生合作,但同时为争夺组织资源(如预算比例)、高层管理者的有限关注而相互竞争(Fernandez et al., 2014;刘智强等,2019)。二是团队层面因素。团队沟通的及时性、过往竞合的经验、成员的多样性、团队内薪酬制度、团队氛围(Ghobadi and D'Ambra, 2012;黄传峰等,2015;Czakon et al., 2020)等因素均会对组织内竞合产生深远影响。这种影响往往是复杂的,比如团队成员多元化程度高可以提高团队创新能力,但同样容易引发较多冲突,导致恶性竞争对抗(黄传峰等,2015);团队激励制度是合作型奖励(基于团队整体绩效平均分配)还是竞争型奖励(基于个体绩效差异分配),也会产生不同程度的团队竞合。

2.组织内竞合的动态演化

由于竞争与合作之间固有的矛盾,竞合过程往往是动态的、复杂的。首先,竞合过程的动态演化表现为竞合网络的变化和竞合关系的互动变化(杜占河和原欣伟,2017)。例如,团队成员的进入与退出、成员对团队承诺的增减等会引起竞合网络的变化,从而使参与者之间的关系处于不断调整与配置中(Williamson and Meyer, 2012)。即便是相同的主体,他们之间也会因共同利益目标进行合作、做大"蛋糕",同时又因自身利益最大化而竞争"蛋糕",这反映了竞合关系的动态变化(Brandenburger and Nalebuff, 1996;Fernandez et al., 2014)。另外,竞合过程的动态演化还表现在竞合网络中参与者的角色多样化和角色冲突中。例如,同一个参与者可以在网络中扮演多种角色,甚至是相互冲突的角色,角色的变化导致竞合关系发生变化(Tidstrom, 2014)。此外,竞合中固有的矛盾性也会触发角色关系冲突。部门、团队和成员既追求个体利益又追求共同利益,分享知识的同时又要进行知识保护,担心对方的机会主义行为损害自身的利益(周杰等,2017)。

3.数字情境下的竞合关系

随着互联网行业的发展,数据已成为继"土地、资本、劳动"生产三要素后,企业目前最重要的第四生产要素与核心资产,也是现代社会最不容忽视的经济资源(维克托·迈尔-舍恩伯格和肯尼斯·库克耶,2012)。组织间竞合关系在传统情境与数字情境下呈现出不同的特征(郭润萍等,2022)。一是数字技术催生了组织间竞合的新形态。组织间竞合不再遵循传统的线性结构,而是呈现出多主体互动的网络化特征,网络关系变得更加复杂化和多样化(Cenamor et al., 2019)。尤其在生态系统商业模式出现后,企业通过"生态内合作,生态间竞争"的模式实现了新的竞争与合作的二元统一(曲永义,2022)。二是数字技术扩大了组织间竞合的范围。数据资源的共享与融合不仅能够提高企业间彼此数据的拥有量,还能够通过数据分析不断挖掘和释放数据背后蕴藏的衍生价值,提高企业核心竞争力(马蔷等,2018;郭润萍等,2022)。同时,成功的竞合联盟可以帮助企业有效地整合传统有形资源,如生产资源、财务资源等，甚至基于竞合关系，进入之前无法进入的数字经济市场。数字技术的关联性和开放性促进组织间的连接与互动，扩大了企业获取资源和知识的范围，拓宽了组织间竞合的深度与广度（Amit and Han，2017；蔡莉等，2019）。三是数字技术改变了企业在市场中的行为。例如，传统情境下企业往往会在异质性资源上合作，在同质性资源上竞争，但互联网平台企业可能会基于同质化数据资源合作，基于异质化数据资源竞争（马蔷等，2018）。四是数字技术提高了组织间竞合的效率。数字技术在降低组织间的交流成本、获得互补性资源、促进数字管理与数字营销等方面发挥积极作用，提高了竞合的效率（蔡莉等，2019）。

数字情境下企业内部竞合关系因制度、市场、文化等因素呈现出不同程度的分化态势。发达国家企业虽然鼓励多个业务单元并行开发多种竞争性技术，但将这种内部竞争严格限定在商业化阶段之前，此后则强调内部合作，只选定一种产品或技术推向市场，避免内部冲突与资源浪费。相比之下，中国企业在实践中存在更加激进的内部竞合形态，不仅围绕多种竞争性技术鼓励内部竞争开发，而且将并行开发的多种竞争性产品同时推向市场，在真实市场中进行“试错”与“迭代”。例如，腾讯曾同时开发并投产了移动QQ、QQ通讯录和微信3种竞争性产品（Murmann and Zhu，2021）。在这种组织内竞合关系下，各团队必须为获取内部资源而激烈竞争，追求更快的组织学习与产品迭代，同时企业必须保证所有团队都能获得集团层面的支持，协调不同团队开展技术合作。跨部门高强度竞合可能会实现突破性技术性创新（曲永义，2022）。因此，也有学者认为，竞争才是数字经济发展的本质特征（傅瑜等，2014）。

4.研究评述

尽管现有文献对组织内竞合关系的形成因素、影响结果、管理策略等方面做出了有益的探讨，但对组织内竞合关系的形成与演化过程关注较少，对组织内不同层次的竞合关系也未进行较深入讨论，整体而言组织内竞合研究比较缺乏。此外，尽管越来越多的企业选择在经营管理中嵌入数字技术，但现有文献主要聚焦于数字情境下组织间竞合关系有何变化，数字技术对组织内竞合关系的形成与演化有何影响仍不清楚。组织内竞合关系在传统情境与数字情境下的区别，也有待进一步探索与讨论。因此，本书将探索组织内竞合关系的形成与演化过程，并识别数字技术对组织内竞合关系的作用机制。

二、研究设计

本节主要介绍本章使用的研究方法与案例概况。其中，在案例概况部分，具体说明数据收集方式和内容，并展示数据分析结构，为后续案例分析与讨论提供思路。

(一)研究方法

本章的研究目的在于探索组织内竞合关系如何形成与演化以及数字技术对这一过程有何影响。鉴于研究问题的性质和研究情境的动态性，本章采用探索性单案例研究方法对现象进行深入描述。通过对研究情境和现象细节的详细分析与展示，本章将尝试挖掘隐藏在复杂现象背后的理论规律，实现从“好故事”到“好理论”的升华。

(二)案例选择

1.案例企业选择的原则

选取海尔作为本章的案例研究对象,主要原因在于:一方面,遵循适配性原则。海尔链群的成熟发展标志着链群内和链群间竞合行为已得到充分实践,能为本章提供典型研究情境。同时,对链群合约系统构建逻辑和实践应用进行深入剖析可以满足本章研究情境与数据资料需要。另一方面,遵循启发性原则。随着数字技术不断发展,自组织、生态圈等新管理模式的涌现促使竞合关系产生了显著变化。在新环境下,海尔利用数字技术助力组织内竞合管理,实现了价值创造。海尔经验能够为其他企业思考如何将数字技术嵌入组织内竞合管理提供实践借鉴,也能为研究者研究数字情境下组织内竞合关系提供新思路。

2.案例企业链群形成过程与数字架构

2005年,“人单合一”模式的提出标志着海尔开始由传统制造企业向生态企业转变,其组织形态先后经历了以自主经营体为代表的网络组织、以小微为代表的平台组织、以链群为代表的生态组织三个阶段。在平台组织模式下,每个小微聚焦于一种业务或生产经营过程中的一个环节,如生产、销售、研发等。围绕“单(用户价值)”,小微之间通过自由选择形成一个个合作闭环,被称为生态链小微群,简称“链群”。

随着数字化转型的不断深入,海尔于2019年提出了链群合约系统的概念,并通过自主研发的链群合约App,将链群相关的所有管理活动全面由线下升级为线上。链群合约系统是以区块链等技术驱动,由前台(工作场景)、中台(智能数据分析)、后台(通用化底座)构成的数字化平台，是实现链群网络化、模块化与智能化管理的数字架构。

借助于链群合约系统，海尔链群的形成过程大致分为以下步骤：首先，链群主（链群发起人、负责人）发掘用户需求，并在链群合约 App 上发起团队初步计划。其次，系统会基于市场容量、市场竞争力目标、行业增速等指标自动测算出具有竞争力的团队目标。以此为基准，在“三自平台”[①]的协调下，链群主确立团队将要挑战的目标，以及达成目标后的价值分享空间与比例。当多个链群团队针对同一用户需求发起计划时，链群间需要通过竞争的方式选出最优者。在团队计划经过协调、论证后，链群主将各计划环节的岗位需求信息在链群合约 App 中发布，员工、小微根据自身情况决定是否抢入链群团队，如抢入则需在系统中提交工作方案公开竞争工作岗位，并由链群主评估后择优录取。若各环节的岗位需求均能够得到满足，则链群成立，团队成员基于团队目标对赌，并线上签订链群合约。基于系统的区块链技术，合约一旦达成，不能篡改。

在链群运营过程中，链群合约 App 会将团队目标分解成每日任务，以 T+1 的频率更新显示实际完成情况与目标值的差异，并对团队内部公开。当偏差超过一定阈值后，系统会发送预警提示，并通过 IHaier 这一内部沟通工具发起工作交流群。同时，基于系统提供的数据与模型，海尔可以实时核算并反映链群内各个成员的绩效情况、链群的经营情况，以及链群间横向比较的情况，便于日后进行绩效评价。尤其是当团队成员获得差评后，成员会被链群主辞退或被系统自动清退，空缺的岗位将会重新开放抢入。在完成团队目标后，基于事前协商签订的价值分享空间与比例，系统会自动核算并结算薪酬至各个成员账户。海尔链群形成过程与链群合约系统的功能机制如图 3.1 所示。

① 三自平台是海尔传统职能部门转型后的形式，是整合了战略、人力、财务等职能的大共享平台。

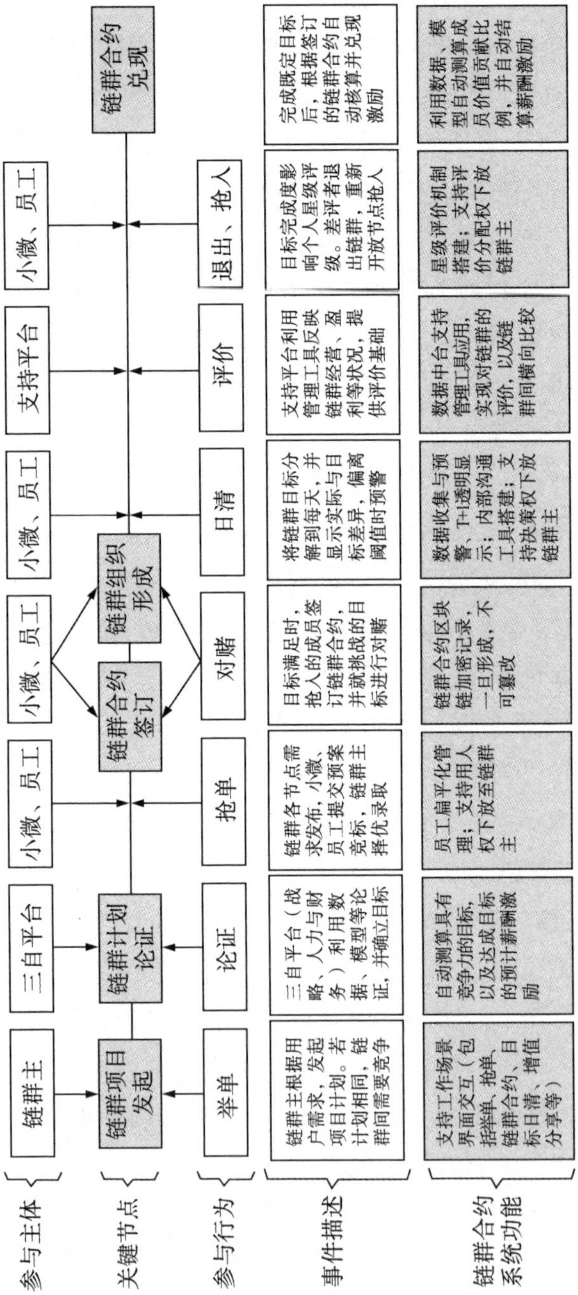

图3.1 海尔链群形成过程及链群合约体系机制

资料来源：作者根据访谈资料自行整理。

3.数据收集

本章研究数据收集遵循“三角验证”要求，包括一手数据资料、二手数据资料和参与式观察三种主要方式。其中，一手数据资料主要来源于半结构化访谈。涉及本章研究内容的访谈对象共计18人次，访谈时长约15小时，整理的录音文本资料约15万字，详细信息与编码见表3.1。企业内外部二手资料收集、参与式观察的内容与编码见表3.2。

表3.1 案例企业半结构化访谈信息及编码

数据来源	名称	编码	访谈内容	人数/人	时长/小时
干衣链群团队	链群主	F_1	干衣链群成立过程、日常经营业务内容、与其他团队竞争合作情况等	3	3.6
	财务、人力员工	F_2—F_3	团队成员管理、链群合约系统使用、成员间竞争合作氛围等		
雷神链群团队	链群主	F_4	雷神链群成立过程、成员筛选与管理、目标设定与执行过程等	5	3.1
	财务、人力、IT、战略员工	F_5—F_8	链群合约系统赋能、薪酬制度、精神奖励、与集团间沟通等		

续表

数据来源	名称	编码	访谈内容	人数/人	时长/小时
链群合约系统团队	链群主	F_9	链群合约系统开发过程、系统主要功能、数字技术应用等	2	3.4
	人力员工	F_{10}	员工数据管理、员工匹配制度等		
三自平台	财务、人力、战略主管	F_{11}—F_{13}	三自平台组织结构、赋能链群的制度设计等	6	2.9
	财务、人力、战略员工	F_{14}—F_{16}	三自平台日常工作内容、与链群间的沟通等		
IT 团队	两名技术员工	F_{17}—F_{18}	数据中台构建、数据标准化处理等	2	2.1

资料来源：作者根据访谈资料自行整理。

表 3.2　案例企业数据内容及编码

数据来源	名称	类别	数量	编码
半结构化访谈（F_n）	干衣链群团队、雷神链群团队、链群合约系统团队、三自平台、IT 团队	人员访谈	18	F_1—F_{18}
参与式观察（T_n）	三翼鸟体验店、卡奥斯平台展示厅、链群合约系统操作展示	现场观察	3	T_1

续表

数据来源	名称	类别	数量	编码
内部资料（N_n）	企业汇报的PPT、内部研究报告、领导讲话记录等	文档	21	N_1
外部资料（S_n）	海尔官网、微信公众号、微博、企业出版资料、媒体访谈报道等	新闻报道、文章	86	S_1

资料来源：作者根据访谈资料自行整理。

4.数据分析

采用一阶/二阶结构化数据分析方法，对资料数据进行编码并提炼构念，再建立起构念之间的关系，然后涌现理论（Gioia et al.，2013）。具体而言，本章首先使用受访者的语言进行一阶分析，提炼了设立可行的竞争性目标、避免过激的内部竞争、精准激励等26个一阶概念，并对其进行归类。其次，在一阶概念的基础上，使用以研究者为中心的概念和维度，反复比较迭代后归纳出竞争约束机制、合作引导机制、组织灵活聚散等12个二阶主题。最后，对具有理论相似性的二阶主题进行整合，形成竞合治理原则、价值导向等5个聚合构念。最终，经过三个阶段不断穿插迭代后，得到一个由一阶概念、二阶主题和聚合构念组成的数据结构，如图3.2所示。

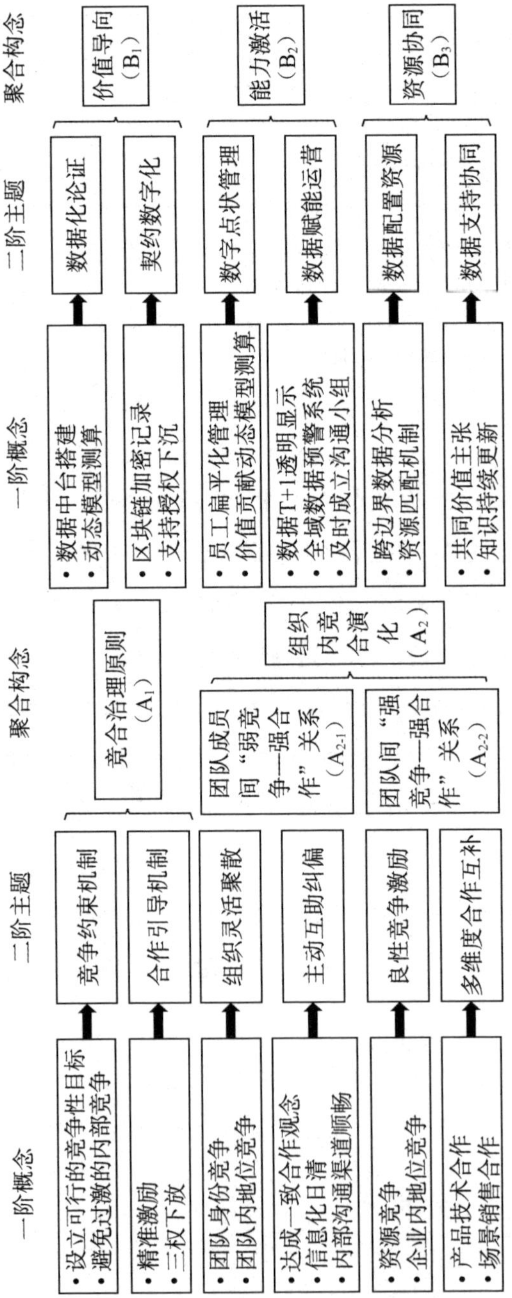

图3.2　数据分析结构

资料来源：作者根据访谈资料自行整理。

三、案例分析与发现

由于海尔内部成熟的链群范式打破了传统的职能部门式组织架构，职能部门已经被链群团队的形式替代。因此，本章不再区分出传统意义上部门间的竞合，而将分析与讨论的重点凝聚于团队之间、团队成员之间这两个层次的竞合关系的形成与演化。根据案例企业实践，下面将从三个阶段展开分析：第一阶段是组织内竞合治理原则，第二阶段是团队内成员间“强合作—弱竞争”关系形成过程，第三阶段是团队间“强合作—强竞争”关系形成过程。在案例分析过程中，本节将分析重点锚定于组织内不同层次的竞合关系如何形成与演化，并尝试展示数字技术发挥了怎样的作用。根据以上研究问题，本节从两个方面着手进行分析：一是分析组织内不同层次的竞合关系如何形成与演化（A_1-A_{2-1}-A_{2-2}），二是分析数字化对不同层次的竞合关系的影响机制（B_1-B_2-B_3），以此提炼最终的理论框架。

（一）组织内竞合治理原则（A_1）

根据案例企业实践，组织首先需要明确竞合关系的治理原则，即从顶层设计角度，确立组织内竞合关系的边界约束和正式制度，引导团队及成员在良性竞争的范围内积极开展合作。具体而言，组织内竞合治理原则主要体现在两个方面：一是竞争约束机制，二是合作引导机制（典型例证如表 3.3 所示）。其中，竞争约束机制限定了组织内竞争的边界，即在目标本身具有竞争性与可行性的前提下，规避激烈的竞合关系带来的内部冲突、资源浪费等负面作用。在此基础上，合作引导机制通过薪酬激励和三权下放确立了竞合关系的正式制度，目的在于激发团队和成员的积极性与主动性。

表 3.3 组织内竞合治理原则与数字技术价值导向作用的典型证据

理论维度	二阶主题	一阶概念	典型证据引援
竞合治理原则(A_1)	竞争约束机制	建立可行的竞争性目标	目标需要抢单竞标，并非集团指定。只有当每个节点的抢单总和至少达到目标时，目标才能确立。不满足就需要再去找原因(F_{13})
		避免过激的内部竞争	抢单是遵循竞标的理念，但为了满足某一类用户需求，我们只会让某一两个链群做这一块业务(F_{16})
	合作引导机制	精准激励	抢到什么目标就对应相应的增值分享。抢的目标越高，增值分享就越高。原则就是高单高酬、低单低酬、无单无酬(F_{12})
		三权下放	一些小的投资我们(团队)做内部论证就好了。链群挣多少钱链群主可以来分配(F_2)
价值导向(B_1)	数据化论证	数据中台搭建	IT 信息化关键点是数据中台和数据模型建设。数据底座打通后我们才能有集团全流程管理的数据基础，如用户、研发、制造等(F_{17})
		动态模型测算	链群举单的目标我们会用模型自动测算是否合适，只有满足外部比较和内部划线，目标论证才能通过(F_{13})
	契约数字化	区块链加密记录	合约生成的时候，我们会打上一个区块链的标志，不可篡改(F_9)
		支持授权下沉	我们通过赋予链群主决策权、用人权和分配权帮助其把全流程的团队组织起来，并协同各个部门为用户创造更好体验(F_{10})

资料来源：作者根据访谈资料自行整理。

1.竞争约束机制

竞争约束机制是指在组织内竞合关系中竞争关系建立的指导原则与边界约束,其目的在于保障组织内竞争的有序性。在本案例中,海尔一方面通过提供资源、信息与制度支持帮助链群团队设定具有可行性的竞争性目标,另一方面也采用竞标的方式提前选优,避免企业内部因过度竞争引起组织冲突、资源浪费等问题,具体表现如下。

一是设立可行的竞争性目标。链群团队最终确立的目标必须满足竞争性和可行性的要求。在传统科层制组织中,当上级依靠预算来评价下级工作时,后者会利用自己掌握的专门知识和信息,在制定预算时有意将实际需求的资源夸大,或者调低自己的生产能力,这种现象被称为“预算松弛”(刘浩等,2015)。然而,链群团队目标确立过程中的拟市场化竞争可以在很大程度上缓解这一问题。在海尔,目标首先是由团队自发地针对用户需求提出的,然后,集团三自平台在企业战略目标的指引下,围绕相应的用户需求测算出具有市场竞争力的目标,并按照竞争力强弱将目标分为五个层次:行业平均水平、行业 1.2 倍、行业领先水平、对赌目标和全球引领水平。在平台提供的资源、信息与制度支持下,链群主最终选定要挑战的团队目标。随后,链群主需要将团队各个环节的岗位需求公开发布,员工、小微根据自身情况报出最优方案抢入团队。当多个成员共抢一个岗位时,一个松弛的预算方案可能会导致自身竞争力降低,但过高的预算目标也可能最终带来团队失败的惩罚与高成本。在这一过程中,团队设立的目标需要对外具有市场竞争力,对内具有员工挑战性。团队目标必须是可行的,其可行性一方面表现为能够“自上而下”地满足企业战略需求,另一方面表现为能够“自下而上”地被各个环节认可。例如,某个链群团队的目标是销售额达到 8000 万元，各销售小微与员工根据自身情况提出自身目标，若全国抢入销售岗位的目标总和达到 1 亿元，则表示目标可行，且目标保障度为 1.2 倍；若汇总结果只有 7000 万元，则表示目标无法承接。此时，链群主需要深入分析并找到问题节点，只有当团队目标被各个环节完全承接后，链群团队目标才能够最终确立。

二是避免过激的内部竞争。为避免过度竞争可能带来的资源内耗，海尔选择将竞争前置。若多个团队针对同一类用户需求发起项目，集团会组织团队之间竞标，根据团队业务能力、核心成员经验、团队目标等多维度因素，在论证后选择最合适的某一个或者两个团队深耕。团队成员对于避免过激的内部竞争的这一观念也表示认同，正如受访对象所言，“我们也会做一些判断和选择，有些事情未必适合我们链群，那就要让出机会。因为一旦形成‘内卷’，对企业来说不是好事”（F_1）。

2.合作引导机制

合作引导机制是指在组织内竞合关系中引导合作关系建立的正式制度，其目的在于从制度层面鼓励、支持团队合作。在本案例中，海尔通过将精准激励制度契约化，使个人目标与团队目标精准融合，调动员工合作积极性。同时，通过适度三权下放，为团队协同成员相互合作提供制度保障。

一是精准激励。在海尔，薪酬激励一般表现为链群团队创造的价值增值的某一分享比例。对链群而言，团队实现的目标越高，分享的空间就越大；对团队成员而言，个人对团队的价值贡献度越高，分享比例则会越高。这种激励制在海尔被概括为“高单高酬、低单低酬、无单无酬”。值得注意的是，链群团队目标与对应的增值分享空间会被正式地写入链群合约，作为事后薪酬核算与结算的依据。将精准激励制度契约化，能够对团队内与团队间的合作产生积极的引导作用：对成员间合作关系而言，当员工抢入团队时，表明其个人认可团队目标，所有成员属于同一利益共同体。员工为了拿到事先约定的分享比例，就必须完成个人目标。当每个员工均完成个人目标时，团队也就达到了组织目标。而当团队目标无法实现时，个人也无法获得激励，甚至还会形成倒逼机制，促使团队成员相互监督、相互促进。这种契约制度解决了员工个人目标与团队目标存在的潜在冲突，降低了员工的代理成本。并且，只有团队成员间通力合作完成高目标，才能获得高绩效激励。对团队间合作关系而言，团队目标由于受到竞争约束，不存在零和博弈的利益冲突，如果团队间能够互相合作完成各自目标，则会实现“双赢”。

二是三权下放。自治权是团队能够快速响应用户需求，迅速调整与适应环境的重要制度基础。海尔对链群主让渡一定范围的决策权、用人权和分配权，这样做一方面通过权责匹配激发团队管理者的积极性与责任感；另一方面赋予团队管理者相应的权力，也是保障其驱动团队相互协作、最终实现目标激励的重要制度基础。正如雷神链群主在访谈中所言，“三权让步使我能够让各个部门共同动起来，为用户带来更好的体验与服务，也实现了链群更高的目标”(F_4)。

3.数字技术的价值导向(B_1)

在树立组织内竞合治理原则阶段，企业利用数字技术通过数据论证目标、将契约数字化的方式，对组织内竞合关系的构建发挥价值导向作用。一方面，数字技术为团队目标论证提供客观的价值衡量标准，提升了员工的公正性感知；另一方面，契约数字化可以细化价值获取与分配规则，强调契约刚性执行度，为后续经营管理活动提供价值导向。

一是数据化论证。针对发起的团队计划，海尔会从外部市场竞争力和内部环节承接度两个方面进行目标论证。目标论证离不开链群合约系统的数据中台。在数据中台，集团管理的全流程数据得以汇集，包括用户、研发、采购、制造、营销数据等。以底层数据为基础，数据中台的另一重要职能是利用核心算法进行数据分析。例如，借助动态分析模型判断团队目标的竞争力，通过AI深度学习、机器学习等方法，衡量并论证各团队、各环节、各成员的价值贡献等。利用数字技术，海尔搭建数据中台、开发动态模型，为目标论证建立了客观的价值衡量标准和基础，提升了员工的公正性感知。

二是契约数字化。经过多轮论证后，团队最终目标和对应的增值分享激励会被正式地写入链群合约。在这一过程中，团队目标、激励制度均实现了契约化、具体化与数字化。同时，借助区块链技术，链群合约一旦签订，不容许篡改。链群合约中的目标、增值分享等具体内容也将对同一团队的所有成员公开。海尔将链群契约数字化发挥了两方面的作用：一方面是增强价值获取和分配规则的客观性与透明度。团队成员通过数字化契约可以明确目标与激励的客观标准，并且规则与标准是透明的、可被监督的。另一方面是强化契约的刚性执行。数字化契约将是预算执行、控制与评价的重要依据，团队成员只有满足契约中的目标要求，才能获得相应的激励。

命题 3-1：组织内竞合关系的治理原则包括竞争约束机制和合作引导机制。其中，竞争约束机制强调竞争有序性，合作引导机制突出激励契约化。数字技术则通过数据化论证和契约数字化，在提供客观的价值衡量标准、明确价值获取与分配规则两方面发挥了价值导向作用。

(二)团队成员间"弱竞争—强合作"关系形成过程(A_{2-1})

对于竞争或合作水平的高低很难测定,以往文献也没有统一衡量标准(Bengtsson and Kock, 2000;杜占河和原欣伟,2017),本章将产生实际竞争或合作行为称为强竞争或强合作关系,而将在观念上的竞争或合作意识称为弱竞争或弱合作关系。在团队形成(或解散)、运营、评价的过程中,团队成员间的竞合关系可以概括为从初期"强竞争—弱合作"模式向后期"弱竞争—强合作"模式演化。在竞合策略的演化过程中,数字技术通过数据点状管理和赋能运营,发挥了激活团队能力的作用(典型例证如表 3.4 所示)。

表 3.4 团队成员间"弱竞争—强合作"关系与数字技术能力激活作用的典型证据

理论维度	二阶主题	一阶概念	典型证据引援
团队成员间"弱竞争—强合作"关系	组织灵活聚散	团队身份竞争	每个节点都需要抢单,如果有多个人抢同一单,链群主会根据抢单目标、方案、诚信度等来决定谁竞标成功,成为链群成员(F_9)
		团队内地位竞争	我们会核算每个节点的价值贡献度,每个节点的正负贡献在链群里公开,大家一看就知道谁干得好,谁干得差拖了链群的后腿(F_2)
	主动互助纠偏	达成一致合作观念	大家肯定愿意多干,干得越多增值分享越高,能激励团队士气。但只有过了底线才有增值分享,在底线之下只能发工资(F_6)
		信息化日清	每人每天都可以看自己的关键工作任务有哪些、完成情况如何、自己获得的分享情况怎么样,我们叫信息化日清(F_{15})
		内部沟通渠道顺畅	我们不会有固定例会,一般情况微信就可以解决,但有特别重要的事情就线下开会。IHaier可以随时拉群、发起会议,很方便(F_3)

续表

理论维度	二阶主题	一阶概念	典型证据引援
能力激活	数据点状管理	员工扁平化管理	我们在链群合约系统里构建了一个人才池，员工入职后会放到 ODS 里去，就像“户籍所在地”，不属于某个部门。你去哪个链群服务，哪个链群就负责付钱。我们这样把人打散到最小作战单元(F_{12})
		价值贡献动态模型测算	动态分配模型主要用于计算每个节点的价值贡献度。价值贡献度会影响节点价值分享比例。贡献越多，分享越多(N_1)
	数据赋能运营	数据 T+1 透明显示	系统中链群所有环节对每个成员全都透明。每天上午 9 点，昨天所有渠道、产品线的数据都能一目了然，实现了信息 T+1 更新(S_1)
		全域数据预警系统	链群中有问题的节点，比如发生指标异常，系统里能实时看到，并通过发送短信、邮件等方式向链群预警(F_{11})
		及时成立沟通小组	IHaier 会自动把链群生成一个交互群，你也可以随时跟某个成员发起交互，打电话、发短信、发起会议都行(F_8)

资料来源：作者根据访谈资料自行整理。

1.初期“强竞争—弱合作”的竞合策略

在团队形成初期，成员间的关系主要表现为争夺成为团队正式成员身份的竞争关系。在海尔，员工担任某一职位的方式只有“抢”，即在链群主发起团队计划后，员工根据自身情况提出最优目标和方案，抢入某一团队内的岗位。当多个成员共抢一个岗位时，他们需要通过路演、竞标的方式取得团队正式成员的资格。访谈中人力资源负责人表示，“我们的流程是先抢出链群主来，链群主再去组建这个团队，组建团队的过程就是各岗位 PK 选择的过程”（F_{12}）。

在初期，成员之间的合作则聚焦于形成一致的合作观念。如前所述，团队最终能够确立一致目标的必要前提是其能够自下而上地被各个环节承接。只有团队全部环节通力合作使个人目标总和满足团队目标，链群团队才能成立。在团队成立后，成员便成为利益共同体，个人目标与团队目标达成一致，也即只有当成员相互合作一起达成团队目标时，个人才能获得相应的增值分享，合作共赢的观念随之形成。因此，在团队形成初期，成员间基于争夺团队身份形成强竞争关系，而通过达成一致合作观念形成弱合作关系。

2.后期“弱竞争—强合作”的竞合策略

随着团队日常经营活动的开展，成员间的关系主要体现为主动互助纠偏的合作关系。在精准激励制度下，当组织目标无法实现时，成员个人也无法获得激励，这样会形成倒逼机制，促使成员相互监督、相互帮助、相互促进。这一现象离不开以下两方面的作用：一是信息化日清。在日常经营过程中，海尔会将成员个人目标分解到每天，帮助成员清楚了解自己每天的具体工作任务、任务完成情况和预计激励情况，并以此推进个人目标的执行。同时，成员们的任务达成情况还会对整个团队公开。当发现团队内部存在某个薄弱环节时，虽然链群主或者系统可以让成员退出团队，但通常成员间会相互帮助，共同克服难题，从而实现团队目标并获取价值分享激励。正如受访的人力资源负责人表示，“链群内部的人和节点基本上都是合作，因为他们是基于同一目标不同分工的合作”（F_3）。二是内部顺畅的沟通渠道。团队内通常不会有固定例会，成员会通过短信、微信、电话等方式沟通，保障团队的工作效率，但当发生异常或紧急情况时，团队会及时组织线下会议解决问题。此外，海尔还研发了 IHaier 这一内部交流 App，帮助团队随时成立工作群、发起线上会议，进行有针对性的交流。线上与线下及时、顺畅的交流缩短了成员间的沟通距离。

这一阶段成员间的竞争关系主要体现为团队内的地位竞争。成员的任务完成情况会影响其对团队的价值贡献度。由于采用日清化管理，每个环节的目标完成情况、价值贡献量都会对整个团队透明公开，因此会影响成员在团队内的声誉和地位。雷神链群主在访谈中表示，“链群里哪个节点干得好，哪个节点干得不好，大家一看就知道了”(F_4)。此外，海尔还设立了星级评价制度(一星最差、五星最好)，并于每月底自动生成。星级评价本质上是考察成员的业绩和诚信度，若成员能够完成个人目标，并且对团队的价值贡献越高，相应的星级评价也越高。反之，若成员不能完成事先承诺的个人目标，其诚信度也会受损。如果成员连续三个月评价在二星以下，该成员可能会被链群主辞退，或被系统自动退出，甚至会失去未来抢入其他团队的资格。因此，随着团队不断成熟，成员间会主动合作、相互纠偏，但同时也会注重提高个人在团队内的声誉和地位，从而形成“弱竞争—强合作”的竞合策略。

3.数字技术的能力激活作用(B_2)

在成员间竞合关系的演化过程中，企业利用数据技术实现数据点状化管理，并通过数据赋能运营，激活个人和团队的价值创造能力，具体表现如下。

一是数据点状管理。为了实现团队的灵活性与敏捷性，海尔对员工采用扁平化管理，即在员工入职海尔后，其组织关系不隶属于某一部门，而是录入 ODS(Operational Data Store，可操作数据存储)系统进行统一管理。集团人力资源部门负责搭建人才池，为团队提供优质人力资源保障，而员工具体承担哪个工作岗位，则取决于其个人抢入哪个团队。链群合约系统负责人将ODS系统比喻为员工“户籍所在地”，通过员工扁平化管理将组织打散，每个人都被划分成最小作战单元。链群团队可以实现自动聚散，当有新的任务时团队可以聚成，任务完成后团队随之解散，再出现新任务则新团队又可以自动聚成。通过人力资源数据的点状化管理，员工与岗位能实现更好的匹配，在提高员工个人价值的同时，也实现企业人力资源效率最优化。

此外，利用系统中的动态测算模型，团队也实现了价值点状管理。在数字中台的基础上，链群合约系统内部搭建价值动态测算模型，对团队成员的价值贡献进行动态测算。将价值贡献度与激励制度、声誉制度挂钩，一方面可以从正面角度促进成员间合作，创造更大的价值空间；另一方面可以从负面角度约束成员底线行为，防止“搭便车”现象出现。通过价值数据的点状化管理，成员间可以维持良性的竞合关系，鼓励员工价值创造行为，激活团队价值创造活力。

二是数据赋能运营。借助于数字技术，链群合约系统进一步加深了团队运营的业财融合程度。例如，系统可以实现经营数据T+1频率展示，并运用区块链技术进行分布式记录，使团队中各节点的每日数据不能被篡改，且在团队内部透明公开。在这一过程中，链群合约系统一方面可以为团队的日常经营管理提供决策数据支持，另一方面也为成员间互帮互助建立合作基础。此外，当节点数据出现异常情况时，链群合约系统会触发预警机制，通过短信、邮件等方式发送预警信息。成员可以利用系统中加载的IHaier工具，随时发起沟通交流。通过将数字技术根植于团队经营管理活动中，链群合约系统能够提供数据决策支持，为成员搭建合作、交流基础，实现数据赋能运营，激发团队的价值创造能力。

命题 3-2：在团队成员间竞合关系从强调组织灵活聚散的“强竞争—弱合作”模式，向以主动互助纠偏为核心的“弱竞争—强合作”模式演化过程中，数字技术通过数据点状管理与数据赋能营运，激发成员和团队的价值创造能力。

（三）团队间“强竞争—强合作”关系形成过程（A_{2-2}）

在链群逐渐成熟的过程中，团队间的关系对链群发展越来越重要。团队间的竞合关系逐渐从初期“强竞争—弱合作”模式向后期“强竞争—强合作”模式演化。在这一过程中，数字技术通过数据配置资源和数据支持协同，发挥了团队间资源协同的作用（典型例证如表 3.5 所示）。

表 3.5　团队间“强竞争—强合作”关系与数字技术资源协同作用的典型证据

理论维度	二阶主题	一阶概念	典型证据引援
团队间“强竞争—强合作”关系	良性竞争激励	资源竞争	我们把资源给谁就是看谁能创造更多的收益，它不是在链群之间“分”，更多的是“抢”（F_{11}）
		企业内地位竞争	样板会在各领域内非常重要，是典型链群代表的分享经验会，由各领域战略投资委、HR 等主导，张首席（张瑞敏）也会亲自参加（F_{12}）
	多维度合作互补	产品技术合作	卡萨帝干衣机和卡萨帝滚筒洗衣机是两个链群，它们会在风扇降噪、高分子打散等技术领域合作，也会配套出售，属于强合作（F_1）
		场景销售合作	海尔智家的三翼鸟场景会组合冰箱、空调、洗衣机等各种产品，给用户打造居家生活场景服务（T_1）

续表

理论维度	二阶主题	一阶概念	典型证据引援
资源协同	数据配置资源	跨边界数据分析	我们财务主要是按横向模块进行划分，比如市场、物流、成本，一个人专营于一个模块并对接所有链群。如果财务数据异常，我们需要追踪到具体链群的业务部门去落实原因（F_2）
		资源匹配机制	在资源配置方面，我们内部会有很多工作用的模型去确认价值分享空间，并据此匹配资源（F_{14}）
	数据支持协同	共同价值主张	如果链群间合作只有一方受益，另一方不受益，这就很难进行下去。我们链群合作是双方各拿各的利益，系统计算得很清楚（F_4）
		知识持续更新	我（链群主）在学习抖音直播，必须要更新知识，否则可能会被淘汰。要感谢人力设了抖音的专员帮我（F_1）

资料来源：作者根据访谈资料自行整理。

1.初期“强竞争—弱合作”的竞合策略

由于企业资源是有限的，各团队往往会基于争夺企业的稀缺资源而竞争。在海尔，资源在各团队间的配置原则并非来自领导层的分配，而是基于价值创造导向的竞争。以财务资源为例，对于运营成熟的链群而言，如果通过事前论证，团队被认可能够带来更多的产出与收益，则财务资源就会相应地倾斜投入；对于初涉某行业新起步的链群而言，即便是初期销售、收益等各项指标起点较低，只要被论证具备快速发展的潜力和未来收益能力，财务资源也会相应地配置。此外，团队内的所有成员都是通过竞争抢入团队的，如果一个团队想要吸引更多、更优秀的员工到自己的平台中工作，必须以创造更大的用户价值为前提。由此可见，团队间以价值创造为导向，针对财务资源、人力资源等企业稀缺资源必须展开激烈竞争。这样的竞争是有序的，即企业资源配置和员工激励都遵循价值原则，创造的价值越多，配置的资源就越多，相应地，获得的激励也越多。由于这一阶段团队自身仍处于初始发展期，除遵循企业整体价值创造最大化的导向外，团队间并未构建具有代表性的实际合作关系，因此团队间竞合关系以竞争为主。

2.后期“强竞争—强合作”的竞合策略

随着链群不断发展成熟，团队间除了持续的资源竞争外，地位竞争和多维度合作也逐渐凸显。在竞争关系方面，获取高层管理者的关注并成为企业内最具有代表性的主体也是重要的竞争驱动目标。在海尔，有两种典型方式可以获取高层管理者正面关注，并成为企业内代表性主体，即参与样板会和获得集团奖项。这对团队和成员来说也是重要的精神激励。

一是参与样板会。样板会是由典型链群代表进行经验展示与分享的会议，由集团管理层、战略投资委员会、各业务领域人力资源等多方主导。访谈中人力资源负责人表示，“做得好和不好的模板都会去样板会，好的模板有展示的机会，做得不好的也可以充分认识差距，反思自己……参加样板会是要讲给张首席听的，有机会近距离接触张首席，虽然压力很大，但对自己也是一种提高与鞭策”(F_{12})。

二是获得集团奖项。海尔设置了月度、年度、“920”大奖等各层次的奖项，其中“920”大奖是集团层面的最高奖项，获奖员工可以获得与集团领导层接触的机会。因此，团队间在资源竞争的基础上，就获取高层管理层关注、成为企业内最具有代表性的主体，又形成了地位竞争关系。

在这一阶段，团队间多维度合作活动明显增多，可以将其归纳为产品技术合作与场景销售合作两种类型。在产品技术合作方面，以卡萨帝品牌为例，干衣机和滚筒洗衣机两种产品分属于不同链群团队，两个团队在制造环节会共享一些产品技术，如风扇降噪、高分子打散等，形成技术协同效应。同时，干衣机和滚筒洗衣机两种产品也可以配套出售，形成销售合作。销售合作不限于同一品牌内部，还可以依据生活场景搭建产品组合，比如海尔智家的三翼鸟品牌提供场景解决方案，依据顾客需求组合冰箱、空调、洗衣机、电视等各种产品，在销售场景服务的同时实现产品销售。随着团队自身不断成熟，团队间通过资源竞争、地位竞争形成良性竞争关系，同时基于产品技术合作、场景销售合作构建多维合作关系，最终演化出“强竞争—强合作”的竞合策略。

3.数字技术的资源协同作用(B_3)

在团队间竞合关系的演化过程中，企业利用数字技术实现数据配置资源，并通过数据支持协同，实现团队间的资源利用效率和效益最大化，发挥资源协同作用，具体表现如下。

一是数据配置资源。跨边界数据分析强调在数据中台的支持下，根据数据分析结果溯源至团队层面，在帮助团队解决业务问题的同时，也有助于将不同团队间进行横向比较。在海尔，以财务为例，财务数据的管理往往是按照内容模块进行划分，如销售、成本、物流等。若某一位财务人员负责物流数据，则他/她将承担同一产业下所有链群团队的物流数据分析工作，例如，分析物流对产业利润的贡献程度、不同链群内物流贡献度的高低等，如果某一链群出现异常物流数据，则需要深入追踪至具体业务环节找到原因。在跨团队数据分析的基础上，财务人员可进一步利用海尔共赢增值表等管理工具、链群合约系统搭载的分析模型等，测算不同链群的价值增值情况，并据此确认财务资源配置。此外，链群合约系统还可以根据数据分析结果展示某一团队在企业所有团队中的排名情况，并将典型团队深度刻画为样板，支持团队间展开横向竞争。利用数字技术，企业可以搭建出一套具有数字性、客观性的资源匹配机制，保障企业内资源配置在兼具竞争性、公平性的同时，又能实现资源利用效率最大化。

二是数据支持协同。团队间相互合作、产生协同效应需要具备共同价值主张的前提，即双方合作对各自实现组织目标都有帮助，双方都能够从合作中获益，并且获益部分能按照明确的规则计算清楚。访谈中，干衣链群财务人员在提到与冰箱链群合作时表示，“去年(618)活动数据不太好，今年我们在京东上和冰箱链群合作推出了‘冰洗套装’引爆了一把，最终销售数据行业第一。大家不一定完全利益分享，各拿各的利益就行，系统算得很清楚”(F_2)。由此可见，两个团队在合作时达成共同价值主张，产生“1＋1＞2”的内部协同效应，并借助于链群合约系统将合作过程中的新增价值分解清晰，既降低了团队间合作的门槛，也实现了资源利用效益最大化。此外，团队也在不断进行知识更新，海尔会给予团队资源上的支持，以撬动未来更快的价值增长。干衣链群主在访谈中表示，“我们一直在学习如何用抖音直播，虽然体量和天猫、京东没法比，但不学习就会被淘汰。虽然现在看价值不大，但我们认为这是一种未来趋势。也感谢人力专门给我设了一个抖音专员，今年618活动销量就增长了890％”(F_1)。

命题3-3：团队间通过良性竞争激励与多维度合作互补，从“强竞争—弱合作”演化成“强竞争—强合作”竞合模式。数字技术通过数据配置资源与数据支持协同，在团队间形成资源协同效应。

四、案例讨论与结论

基于海尔链群合约系统的实践，本章通过结构化数据分析方法，系统探索了组织内不同层次竞合关系的形成与演化过程，分析了数字技术对不同层次竞合关系的影响机制，构建起组织内不同层次竞合关系演化及数字技术作用的机制模型，如图 3.3 所示。

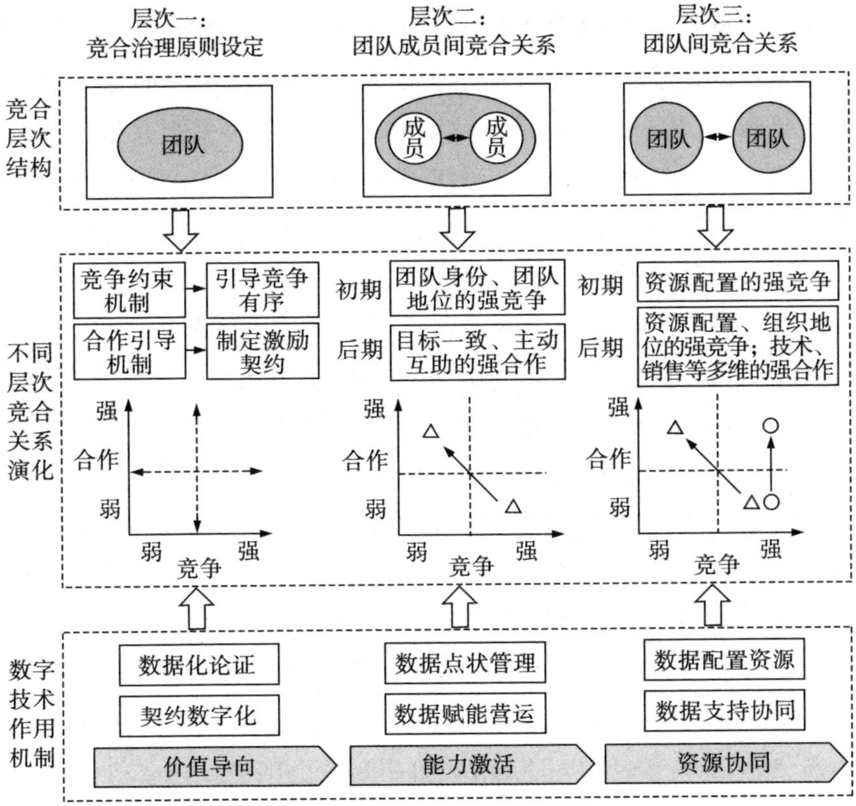

注：竞合关系演化过程中△代表团队内成员，○代表团队。

图 3.3 组织内不同层次竞合关系演化及数字技术作用机制模型

资料来源：作者根据访谈资料自行整理。

(一)组织内不同层次竞合策略的动态演化

通过案例分析发现,组织内竞合关系的形成与演化主要可以分为竞合治理原则设定、团队间竞合和团队成员间竞合三个层次。具体而言,在组织内竞合关系形成前,组织首先为竞合行为设定基本原则,即通过竞争约束机制限定竞争边界,保证竞争的有序性,同时构建合作引导机制,突出激励契约,激发个体积极性。竞合治理原则的设定是站在顶层设计的角度,确立竞合关系的边界约束和正式制度,引导团队和成员在良性竞争的范围内积极开展合作。

从团队建立、经营的过程中可以看出,团队成员间的竞合关系首先显现,并从初期强调组织灵活聚散的“强竞争—弱合作”模式,向以主动互助纠偏为核心的“弱竞争—强合作”模式演化。在初期“强竞争—弱合作”竞合关系中,由于团队具有灵活聚散的特征,成员对团队身份和团队地位的竞争,往往是“你死我活”的零和博弈,故强竞争特点尤为突出。当团队结构逐渐趋于稳定后,为达成一致的团队目标并获得相应激励,成员间往往会选择主动相互帮助、相互监督,保证合约的刚性执行。因此,团队成员间的竞合关系在后期呈现以合作为主基调的“弱竞争—强合作”模式。

随着团队经营管理活动的开展,团队间的竞合关系开始凸显,并从初期“强竞争—弱合作”逐渐演化为“强竞争—强合作”竞合模式。在初期“强竞争—弱合作”关系中,团队间主要围绕企业有限的资源如何配置展开竞争。在竞合治理规则的指引下,企业围绕价值创造进行资源配置,维持团队间的良性竞争关系。随着团队不断成熟,除持续的资源竞争外,团队间还会围绕如何获得管理层关注、成为企业内具有代表性的主体形成地位竞争。同时,由于企业战略目标和团队目标具有一致性,团队间围绕产品技术、销售等多维度合作行为明显增多,强合作也成为后期团队间竞合关系的突出特征。

(二)数字技术对组织内竞合关系演化的作用机制

本章发现,数字技术对组织内竞合关系的演化主要表现在价值导向、能力激活与资源协同三个方面,即企业首先利用数字技术刻画团队的价值导向,在价值导向的指引下,再通过数据点状管理、数据赋能运营,激活各个团队和成员的价值创造能力,同时利用数据规则发挥团队间资源配置和资源协同作用。

具体而言:在竞合治理原则设定阶段,企业通过搭建数据中台、开发动态模型,为团队目标论证建立了客观的价值衡量标准。同时,借助于区块链等数字技术,激励契约数字化、透明化得以实现。从竞争约束机制角度看,数字化为组织内竞争提供了客观的衡量与判断依据,明确了价值取舍标准。从合作引导机制角度看,数字化为组织内合作事前固定了激励规则,并通过高度透明性保障契约的刚性执行,细化了价值创造目标。在数字技术的支持下,组织内竞合治理原则在竞合关系的演化中发挥价值导向作用。

在团队成员间竞合关系演化过程中,数字技术的着力点在于通过数据点状管理促进资源效率最大化,并以数据赋能运营保障资源效益最大化。在前期以强竞争为主要特点的竞合关系中,数据点状管理体现在人力数据的点状管理和价值数据的点状管理两个方面:一方面,人力数据的点状管理可以促进员工在企业内灵活流动,与岗位更好地匹配,激发员工价值创造的积极性,提高人力资源配置效率;另一方面,价值数据的点状管理为各环节测算、比较与评价提供重要依据,鼓励员工间的价值创造行为和有序竞争。在后期以强合作为主要特征的竞合关系中,数据通过赋能日常经营管理活动,一方面强调滚动预算的刚性执行,另一方面提供顺畅的内部沟通渠道,为决策提供数据支持,激发团队价值创造能力,促使资源效益最大化。

在团队间竞合关系演化过程中，数字技术的焦点在于提供客观的资源匹配机制和协同支持规则，保障团队间资源配置在兼具竞争性、公平性的同时，又能支持团队间发挥协同效应，实现资源利用效率最大化。在前期以强竞争为主要特点的竞合关系中，跨组织数据收集与分析一方面能够帮助团队发现业务问题，另一方面将团队按照价值增值情况进行横向比较。团队间资源配置以价值增值为原则构建模型支持计算，产生资源竞争，同时以价值增值横向比较刻画数字样板，争取管理层关注从而产生地位竞争。在后期以强竞争、强合作为主要特征的竞合关系中，数字化对资源竞争与地位竞争的支持依然存在，在强合作方面，数据模型对利益分配的清晰核算支持了合作双方拥有共同价值主张，多方知识持续互补与更新，有助于产生“1＋1＞2”的内部协同效应，撬动未来更快的价值增长。

（三）数字情境下组织内竞合关系的特征

基于案例企业实践和讨论，本章进一步分析了数字情境下组织内竞合关系有别于传统情境的特征，如表 3.6 所示。

表 3.6　传统情境与数字情境下组织内竞合关系的比较

类别	传统情境下组织内竞合关系	数字情境下组织内竞合关系
竞合主体	传统职能结构下的部门、团队、个人	以信息为基础，灵活、自发建立的团队、团队成员
触发点	以高层管理者引入为主	以团队自发形成为主
表现特征	线性结构	网络结构
驱动力	流程驱动	数字驱动
演化路径	遵循设定目标，取得短期利益	数据论证目标，实现价值创造

资料来源：作者根据访谈资料自行整理。

一是竞合主体与触发点。传统情境下,企业组织结构更倾向于职能部门形式,组织内竞合关系发生在部门间、团队间与个人间。这种竞合往往带有企业的强制性,即企业高层管理者有意在部门之间设立竞争性目标,或强制竞争部门抽调组建一个项目团队。而数字化转型催生了以信息为基础的微型团队、微型自组织等灵活组织结构形式,组织内竞合关系多发生在团队间、团队成员间。数字情境下,由于这种灵活的微型团队是根据内外部服务需求主动形成的,因此组织内竞合关系往往具有自发性。

二是表现特征。传统情境下组织内竞合关系往往呈现固定的、明确的线性结构。例如,为了加快产品创新,企业在制度上设立多个创新团队相互竞争,团队的竞争对象此时往往是明确的、固定的,竞争关系会在特定主体之间形成。在数字情境下,竞合不再遵循传统的线性结构,而呈现出多主体互动的网络化特征,网络关系变得更加复杂化和多样化。在团队建立初期,在同一业务领域内团队间可以充分竞争,争夺用户市场。但这种内部竞争将被严格限定在商业化阶段之前,此后则强调内部合作,只选定一种产品或技术推向市场,避免内部冲突与资源浪费。也就是说,在团队成熟期,团队间可以围绕如何创造更多的价值在不同业务领域内竞争与合作,产生竞合关系的对象由团队自身决定,任意团队间均可能随时发生或者终止竞合行为。因此,数字情境下组织内竞合关系往往呈现动态的、复杂的网络结构。

三是驱动力与演化路径。传统情境下组织内竞合以流程驱动为主,部门与团队往往需要遵循管理层设定的目标,按照规定的业务流程、方式、内容等,开展具体经营活动。数字情境下组织内竞合则以数字驱动为主,数据超越流程成为新的运营核心。团队自发地提出挑战目标,企业利用数据模型分析、论证、调整目标;在经营管理过程中,企业利用区块链、大数据、人工智能等数字技术赋能，推动团队目标的刚性执行，激发团队价值创造能力，在企业内部形成资源协同效应。

五、理论贡献与启示

基于现有文献缺口和本章案例分析结论，介绍本章研究的理论贡献、实践启示、研究局限与未来展望。

（一）理论贡献

本章分析了组织内不同层次竞合关系的形成与演化过程，以及数字技术对这一过程的作用机制，并提炼出了相应的理论框架。可能的理论贡献在于：

一是本章详细地区分并讨论了组织内不同层次竞合关系的形成与演化过程，呈现了团队内和团队间竞合关系的边界、规则与内容，在一定程度上弥补了现有研究缺口（Bendig et al.，2018；刘智强等，2019）。

二是本章创新性地将数字化纳入组织内竞合的考量范畴，拓展了现有文献关于数字情境下竞合关系的研究边界（郭润萍等，2022；曲永义，2022）。关于数字情境与竞合关系，现有相关文献对组织内竞合关系有何作用仍缺乏足够的关注。本章从价值导向、能力激活与资源协同三个方面提炼出数字技术的作用机制，不仅对数字情境下竞合关系的变化研究进行了补充，而且深化了数字化与组织内竞合关系演化的研究。

三是本章揭示了传统情境与数字情境下组织内竞合关系的不同特征，既是对传统情境下组织内竞合关系的梳理，也是在数字经济时代对组织内竞合关系规律与特点的新探索。传统情境下竞合关系的形成以高层管理者引入为主，发生在传统职能部门中，呈现固定的、明确的线性结构;而数字情境下,竞合关系的主体以团队、团队成员为主,竞合行为往往是自发形成的,呈现动态的、复杂的网络结构。随着区块链、大数据、人工智能等数字技术的嵌入,价值创造能力、资源协同能力得到提升,形成数字驱动力。本章对于传统情境与数字情境下组织内竞合关系特征的探讨,能够为后续研究提供新的视角。

(二)实践启示

本章的实践启示主要包括如下几个方面:

一是以信息为基础的组织形态是未来企业发展的趋势,企业内组织结构调整可以参考海尔链群"计划—论证—抢入—对赌—日清—评价—兑现"的做法。

二是可以为管理者如何制定组织内竞合管理策略提供指导意见。具体而言,管理者应先为组织内竞合设立边界与原则,保障竞合行为在边界范围内按照事前规则开展;然后,在团队逐渐成熟的过程中,着重强调与维持不同层次的竞合重点,团队内注重合作行为引导,团队间同时注重竞争与合作管理。

三是为企业如何利用数字技术嵌入竞合管理提供可借鉴的"事前—事中—事后"实践指导。事前,企业可以利用数据对团队目标进行论证,并将契约数字化;事中,企业将数据进行点状管理,赋能团队运营,并利用数据模型配置资源,支持团队间协同;事后,企业可以利用数据模型进行评价,并将数字契约按评价结果兑现。在这一过程中,企业还可以同步进行 App 开发,通过提供友好的交互界面、畅通的内部沟通工具等,协助组织内竞合管理。

(三)研究局限与未来展望

尽管本章对组织内不同层次竞合关系的形成与演化过程以及

数字技术的作用机制进行了探讨，但仍存在一些不足之处有待未来研究继续完善。

一是本章虽然在选取案例时充分考虑了所选案例的典型性与代表性，以提高研究结论的普适性，但本案例的研究发现在推广适用时仍存在一定的约束条件。比如，链群范式在海尔的应用已得到理论与实践界的认可（谢志华等，2020；陈剑等，2020），但传统职能部门式组织结构在企业中仍占多数，因此本章结论是否在传统组织形式下依然适用，还有待进一步深入探讨。

二是数字技术对组织内竞合关系演化与管理发挥了重要的积极作用，但数字技术的引入与应用也需要付出一定的代价，这意味着数字化会存在“黑暗面”，这在本书中并未得到关注，未来研究可以从数字化对组织内竞合关系的潜在负面影响角度展开分析。

第四章　组织内竞合关系与企业财务组织的数字化转型战略

在第三章的研究基础上，本章主要从财务组织视角，关注组织内竞合关系如何赋能企业财务数字化转型的问题。在数字经济时代，来自不同行业与地区的企业相互连接并传递价值，推动了以生态圈为代表的创新商务模式的涌现。在新竞争模式下，企业财务组织如何通过与生态圈中利益相关者建立竞合关系，驱动多方实现价值共创与价值共享？其作用机制与效果我们仍未可知。本章对这一问题的讨论将有助于补充财务组织数字化转型的相关研究。

一、问题提出与理论分析

本节将从现实需要和理论文献两个方面阐述本章所研究问题存在的研究缺口，具体如下。

（一）问题的提出

随着"十四五"规划的提出，数字化转型已成为一项重要的国家战略。越来越多的数字技术如区块链、大数据、云计算、人工智能、神经网络等,正在不断地被应用于会计领域,企业所面临的内外部环境正在发生深刻的变革,财务数字化、智能化已成为企业财务组织转型的方向(刘勤和杨寅,2018;刘梅玲等,2020)。在数字经济时代,企业集团各职能部门,尤其是财务组织,其如何与数字技术融合并赋能价值创造,也成为学术界与实务界共同关注的焦点之一(徐晨阳等,2017;李闻一等,2017;刘梅玲等,2020)。

然而,现有的关于财务组织数字化转型的文献仍聚焦于概念、理论框架的构建等方面,数字化转型过程的研究尚处于探索阶段(Yoo et al., 2012;Vial, 2019;刘勤和杨寅,2019;刘梅玲等,2020;陈威如和王节祥,2021)。面对传统财务组织如何从管控系统向数字化转型这一问题,以往文献存在以下不足:首先,学者们提出,财务组织数字化转型需要外部环境与内部驱动力共同作用(刘勤和杨寅,2018),但内外部环境中驱动因素具体有哪些,这些因素又是如何共同作用促使传统财务组织进行数字化转型的,目前缺乏从整体视角的分析与归纳研究。其次,生态圈是数字时代全新的竞争模式,在这种竞争模式下,数字化财务组织与企业生态圈中利益相关者建立了怎样的关系,如何驱动多方实现价值共创与价值共享,其作用机制与效果尚待丰富,尤其是集团财务组织与内部利益相关者关系的讨论更是少有文献涉及(Guo and Wu, 2018;刘智强等,2019;陈剑等,2020)。

因此,针对上述研究缺口,本章以海尔为案例研究对象,基于海尔财务平台数字化转型的实践,主要讨论以下两个研究问题:一是企业集团传统财务组织进行数字化转型的驱动因素和机制为何?二是数字化财务组织如何实现与其利益相关者价值共创与价值共享?通过回答这两个研究问题,本章将揭示企业集团财务组织转型的驱动因素,以及财务组织与内外部利益相关者实现价值共创与价值共享的竞合机制。本章希望对企业集团财务组织数字化转型的驱动因素、主动式竞合机制的形成，以及绩效后果等方面做出理论补充，并为其他职能部门、其他企业成功实施财务数字化转型提供一定的实践经验。

（二）理论分析

1.财务组织数字化转型与企业组织结构

数字技术的蓬勃发展为企业进行数字化变革奠定了技术基础。然而，企业真正实现数字化转型还需要适配的企业组织结构。现有文献关于数字化转型与组织结构改革主要有两种观点：一种是组织结构改革是数字化转型的前提条件，通过组织进行结构性改革，数字技术、数字文化、数字化领导模式等才能更好地应用于企业之中(Catlin，2015；Hess et al.，2016；Li et al.，2018)；另一种是数字化转型势必会引起组织变革，通过数字技术改善组织的业务模型、操作流程、产品和服务设计、客户体验方式等价值创造范式，实现企业组织能力升级(Vial，2019；李闻一等，2017；池仁勇等，2020)。在数字技术发展背景下，传统的以实体为基础的组织形态必然会向以信息为基础的组织形态转变(谢志华等，2020)。

无论企业组织结构变革是数字化转型的因还是果，在数字化转型的过程中，企业组织都应具备权变性、敏捷性、自组织化等特征。这要求组织内的每一个部门和岗位都应有自身清晰的利益边界，既可以直接实时响应组织外部服务对象的需求，也可以响应组织内部服务对象的需求(谢志华等，2020)。微型团队或者微型自组织是提高组织敏捷性的一种有效方式。自组织是在不存在外部指令的情况下，系统按照相互认可的某种规则，各尽其责而又协调自动地形成有序结构(张庆龙，2020)。这种权变的自组织方式已经在青岛海尔集团的“人单合一”制度中得到了验证（谢志华等，2020；张庆龙，2020；陈剑等，2020）。

需要注意的是，虽然企业进行数字化建设势必需要组织结构变革，但由于财务部门是企业的职能部门，往往缺乏主动变革的动力。在实践中，高成本、长周期的财务数字化变革的效果在很大程度上不尽如人意（张敏，2021）。而导致财务数字化变革失败的往往并非技术落后，而是企业内部组织架构过于刻板。因此，企业应该认识到，如果财务组织结构与数字化系统不匹配，财务数字化转型将只是流于形式，其效果会大打折扣（池仁勇等，2020）。企业需要主动保持内部财务组织与外部环境如技术、市场、制度等相适应，从而有效支撑财务数字化转型过程的开展。

2.基于利益相关者的生态圈与竞合关系建立

在数字经济时代，传统的垂直供应链结构被颠覆，职能部门的界限被打破，来自不同行业、不同地区的企业和个体相互连接并传递价值，推动了以生态圈为代表的创新商务模式的涌现（陈剑等，2020）。企业的财务组织建设与管理也应突破供应链视角，从生态圈中各利益相关者的视角，如数字化财务的应用主体（企业）、政府主管部门、行业组织、供应链、客户等，建立相应的财务组织战略、业务流程与组织结构，提升对外部利益相关者的服务水平，加强对内部利益相关者的支持力度，从而提高企业绩效与价值创造力（胡贵毅等，2008；刘勤，2017）。

在生态圈中，企业仅依靠自身的资源与能力是远远不够的。生态参与者各方需要去整合不同的资源以实现合作共赢，即将与其他企业和组织的竞争关系转变为合作共生关系（陈剑等，2020）。具体而言，企业既可以与大学、政府部门等社会公共组织建立合作关系，也可以与供应商、分销商、客户甚至竞争对手建立合作关系

(李东红等,2020)。企业与竞争者建立的合作关系,由于合作伙伴之间所具有的竞争性而被称为“竞合关系”(Bengtsson and Kock, 2000)。当然,在企业内部,部门之间也会因为争夺企业的稀缺资源而竞争,同时也会为了企业整体的利益而合作(Luo, 2007;刘智强等,2019)。

竞争与合作并不是完全互斥的,它们可能同时存在,并且相互影响(Bengtsson and Kock, 2000;李东红等,2020)。竞合关系是一把“双刃剑”,既对企业业绩、竞争力和创新性有积极作用,同时又可能因为机会主义行为、冲突等导致竞合关系的失败(杜占河和原欣伟,2017)。因此,作为企业的一个动态自组织系统,数字化财务组织需要依托“大智移云物区”(即大数据、人工智能、移动互联、云计算、物联网、区块链)等技术,着眼于内外部利益相关者的动态生态圈,并通过建立与维持竞合关系的方式,创造并满足利益相关者的集成式需求,实现生态圈各方整体价值的最大化。

3.价值共创与价值共享

数字化的一个重要意义在于推动了价值共创(陈剑等,2020)。这是因为在数字时代,价值创造与实现不再是单个企业努力所能达成的事情,而是企业整合与协同内外部所有资源的结果。那么,所有为满足消费者需求提供产品组件的企业,打破了传统产品制造模式中各方之间的壁垒,形成了一种价值共创关系(陈剑等,2020;谢志华等,2020)。价值共创是生态圈运行的内在逻辑,也是与生态圈的利益相关者开展知识、人力、组织等互动和资源整合协同的动态过程(刘勤,2017;陈剑等,2020;谢志华等,2020;王琳和陈志军,2020)。企业数字化财务组织可以对企业内部自组织的生产经营活动进行预测、规划、执行、控制、考核与评价,也可以为企业内外部资源协同与平衡提供支持,从而实现价值共创。

在价值共创单元实现稳定共生、平等共生、动态共生的机制后，价值共享的均衡性是维持价值共创关系的核心与前提（谢志华等，2020）。所谓价值共享的均衡性，是使协同合作的各方根据自身在共创价值中的重要性或贡献程度，确定价值分配比重。价值共享使得价值共生得以持续实现。在企业组织边界内，自组织之间通过建立并维持竞合关系创造的价值，需要在组织内部利益相关者之间进行价值共享。当价值共创超越了企业组织边界，也就是需要与外部利益相关者进行协同与合作时，由此形成的价值共享也就由公司内部拓展至公司外部。基于此，企业财务管理目标需要聚焦于价值共创与价值共享，或者说利益相关者价值共享化（谢志华等，2020）。

二、研究设计

本节主要介绍本章使用的研究方法、案例选择原因与数据处理过程。其中，根据“开放性编码—主轴式编码—选择式编码”的思路，本节详细说明了数据编码过程，并展示了数据分析结构，为后续案例分析与讨论提供思路。

（一）研究方法

本章采用探索性单案例研究方法，原因有以下几点。

一是本章主要探究企业集团传统管控型财务组织进行数字化转型的驱动因素与过程机制，以及数字化财务平台如何实现与利益相关者价值共创与共享的问题。这属于“如何”和“为什么”问题的范畴，采用案例研究能够对研究对象进行深入的描述与分析（Yin，2013）。另外，本书是基于过程视角，展现企业集团财务组织进行数字化变革，并实现集团财务组织与内外部利益相关者由管控关系到竞合关系的转变，所以适宜采用案例研究方法进行探索研究。

二是由于数字化转型的相关文献目前还集中于概念和研究框架的探讨，数字化转型过程的案例研究尚在起步阶段。本章的研究问题是现有文献未有系统性研究的内容，因此应采用探索性案例研究方法（毛基业和李高勇，2014）。

三是本章需要深入系统地了解企业集团财务平台数字化转型的条件、过程与结果，对数据的丰富性和全面性具有较高的要求，而单案例研究更够保证案例研究的深度（Yin，2013）。

（二）样本选择

1.案例选择的原因

根据核心问题及情境，本章选取海尔财务平台作为案例研究对象，具体原因如下。

一是案例的典型性。海尔自 2006 年开始探索传统财务转型，是国内首批建设财务共享中心的企业。自 2014 年起，海尔进行财务数字化转型，尝试构建物联网范式、衡量生态价值的财务系统，目前其数字化财务组织能提供 10 种财务语言服务，设立了 15 大类场景，管理 20 余种货币和全球 4 大现金池。海尔是实施财务组织数字化转型实践的先行者与典型成功代表，体现了案例选取的重要性与代表性原则。

二是案例的适配性。为应对数字环境的变化，海尔“人单合一”模式基于组织、竞争、制度和技术环境进行了颠覆性、系统性的持续动态变革，形成了互联网企业创新模式（陈剑等，2020）。这种权变的自组织方式符合新技术下企业组织特征要求，体现了环境与资源双重导向、交互匹配的过程。海尔案例为观察与研究集团财务平台数字化转型过程中的驱动因素、过程机制与结果提供了良好的研究情境。

三是案例数据的可获得性。基于海尔尤其是集团财务平台相关负责人的鼎力支持，我们才能够深入海尔，就财务组织数字化转型进行多轮实地访谈与内部资料获取，以确保案例资料“三角验证”的实现。这是本章进行案例研究的重要客观基础。

2.数据收集

本章研究主要采取一手数据与二手数据相结合的数据资料收集方法。具体而言，一手数据主要包括半结构化访谈、现场收集的其他材料等。二手数据主要包括海尔宣传视频、年报数据、人物访谈等公开信息。通过一手和二手数据资料的综合分析，我们可以深入了解海尔财务组织数字化转型的全过程，同时多元化的数据来源还能够保证研究资料的完整性与丰富性，提高研究信度(Yin,2013)。

研究团队对海尔的实地调研集中在 2020 年 11 月。访谈共计 22 人次，访谈时长 13.3 小时，整理录音文本约 13.59 万字。访谈对象均为与集团财务平台密切联系的各部门与各团队负责人及核心员工。在开展调研前，我们根据访谈主题进行资料收集与整理，并有针对性地梳理核心访谈问题。在进行集体访谈与小组探讨后，我们进一步界定研究主题，并围绕研究主题开展第二阶段的深入访谈，以对集团财务平台数字化转型，以及集团财务组织与利益相关者的关系演化过程进行深入的了解。

访谈录音都是在被访者同意并保障被访者隐私的前提下进行的。访谈完成后，我们通过电话回访对部分访谈内容进行了核实确认。为保证访谈数据的有效性，我们在访谈结束 24 小时之内对访谈录音进行了文字整理工作。详细的案例数据统计如表 4.1 所示。

表 4.1 数据收集的描述性统计

数据来源	访谈对象	访谈人次	访谈时间/小时	访谈文稿/万字
一手数据	集团财务平台	5	2.8	2.96
	小微团队	7	3.6	3.81
	上市公司财务	5	3.1	3.22
	信息技术部门	3	2.3	2.15
	财务战略部门	1	0.7	0.67
	人力资源部门	1	0.8	0.78
二手数据	通过企业内部文件(企业 PPT、宣传视频等)、公开媒体报道(年报数据、官网资料、人物访谈等)等渠道获取海尔信息			

资料来源:作者根据访谈资料自行整理。

3.数据编码与分析

本章遵循案例研究对质性资料的要求,依据程序化扎根理论的数据处理程序,即“开放性编码—主轴式编码—选择式编码”进行数据分析。具体而言,数据分析包括以下步骤。

第一步,开放式编码。首先,在编码之前需要排除与研究无关的段落,并将原始语句编号。为了降低研究者个人的选择性影响,在发掘初始概念时,尽量使用受访者原始语句作为标签,共得到303条原始语句。其次,对这些初级代码进行整理与归纳,采用“原生”规则命名初始概念,总结了59个初始概念(编码前缀为A)。通过对这些零散的初始概念进行比较与提炼,对指向共同核心概念的初始概念进行归纳,形成17个核心概念(编码前缀为B)。最后,对核心概念进行范畴化,即将相似的核心概念进一步聚拢成为新的更高层次的节点,最终形成7个范畴(编码前缀为C)。编码结构详见表 4.2。通过上述过程得到的初始概念、核心概念与范畴体现了案例数据与资料中公司财务组织重构，以及与利益相关者关系的转型要素和过程机制。在此基础上，对这些核心概念与范畴进行要素提炼整合，进一步加深对公司财务组织关系重构过程的理解。

表 4.2　编码结构

初始概念	核心概念	范畴
云服务应用（A_1），人工智能应用（A_2），区块链应用（A_3），大数据应用（A_4），物联网应用（A_5）	数字技术变革（B_1）	财务组织转型因素（C_1）
小微组织建立（A_6），小微组织价格管理（A_7），小微组织信用管理（A_8），小微组织合规管理（A_9），小微组织成长管理（A_{10}），小微组织财务核算（A_{11}），小微组织财务管理（A_{12}），小微组织财务结构（A_{13}）	企业自组织结构（B_2）	
财务共享中心功能（A_{14}），财务共享中心业务计价（A_{15}），财务共享中心作用（A_{16}），财务共享中心管理范围（A_{17}），财务共享中心结构（A_{18}）	财务共享中心建立（B_3）	数字化财务组织（C_2）
财务平台数智化产品（A_{19}），财务平台智能化场景（A_{20}），数字化财务平台结构（A_{21}）	数字化财务组织建立（B_4）	
业务财务内容（A_{22}），业务财务比重（A_{23}），业务财务边界（A_{24}），业务赋能（A_{25}）	小微组织合作（B_5）	内部利益相关者合作（C_3）
上市公司财务组织结构（A_{26}），上市公司财务独立要求（A_{27}），集团财务共享对接（A_{28}）	内部上市公司合作（B_6）	
员工体验提升（A_{29}），其他平台合作（A_{30}）	其他内部合作（B_7）	

续表

初始概念	核心概念	范畴
人力预算管理(A_{31}),岗位抢单制度(A_{32})	资源竞争(B_8)	内部利益相关者竞争(C_4)
集团奖项竞争(A_{33}),样板会交流(A_{34})	地位竞争(B_9)	
供应商经销商合作(A_{35}),客户合作(A_{36})	上下游产业链合作(B_{10})	外部利益相关者合作(C_5)
外管局合作(A_{37}),海关合作(A_{38}),税务部门合作(A_{39})	政府部门合作(B_{11})	
教育科研机构合作(A_{40}),知名企业经验借鉴(A_{41}),银行合作(A_{42})	其他外部合作(B_{12})	
业务效率提升(A_{43}),流程效率提升(A_{44}),管理效率提升(A_{45}),资金周转效率提升(A_{46})	运营管理效率提升(B_{13})	价值创造(C_6)
财务人工成本降低(A_{47}),资金成本降低(A_{48})	成本费用降低(B_{14})	
自主知识产权(A_{49}),国家级版权认证(A_{50})	研发创新增加(B_{15})	
业务与生态迭代(A_{51}),小微组织生态建设(A_{52}),生态价值核算(A_{53}),生态财务建设(A_{54}),组织生态建设理念(A_{55}),组织生态形式(A_{56}),组织生态构成(A_{57})	组织生态圈建设(B_{16})	价值共享(C_7)
价值共享理念(A_{58}),共赢增值表(A_{59})	价值共创共享理念(B_{17})	

资料来源:作者根据访谈资料自行整理。

第二步，主轴式编码。在开放式编码的基础上，依据具有理论基础的分析框架，对开放式编码中的各个范畴进行组合与聚类分析，以明确范畴间的逻辑关系，形成轴线，发展为主范畴。依据"条件—行为—结果"的逻辑关系与各个范畴之间的内在关系，进一步归纳出3个主范畴，描述了公司财务组织与利益相关者从管控关系向竞合关系转变的条件要素、行为要素与结果要素，详见表4.3。

表4.3 主轴编码结果

副范畴（逻辑主线）			主范畴
条件要素	行动要素	结果要素	
财务组织转型因素（C_1）	数字化财务组织（C_2）	价值创造（C_6），价值共享（C_7）	财务组织数字化转型驱动
数字化财务组织（C_2）	内部利益相关者合作（C_3），内部利益相关者竞争（C_4）	价值创造（C_6），价值共享（C_7）	内部竞合的价值共创共享
数字化财务组织（C_2）	外部利益相关者合作（C_5）	价值创造（C_6），价值共享（C_7）	外部合作的价值共创共享

资料来源：作者根据访谈资料自行整理。

第三步，选择性编码。在主范畴与其逻辑关系的指引下，从主范畴中提炼核心范畴，并把各范畴系统地整合在一起，构建起一个扎根理论模型。这一过程的关键在于为案例串联出一个完整的"故事线"，用"故事线"诠释案例数据与资料。本章研究的核心范畴是"企业集团财务组织数字化转型的要素与重构机制"，蕴含的基本关系是"财务组织转型的因素作为情境条件，驱动集团财务平台进行数字化转型，并且集团财务组织与内外部相关利益者构建主动式竞合关系，实现价值共创与价值共享"。

三、案例分析与发现

根据企业案例实践，本节将从三个方面着手分析：一是财务组织数字化转型与组织结构变革；二是财务组织与内部利益相关者价值共创共享机制的构建；三是财务组织与外部利益相关者价值共创共享机制的构建，并以此提炼出最终的理论框架。

(一)财务组织数字化转型与组织结构变革

通过对海尔案例的分析发现，企业集团财务组织数字化转型需要关注数字技术变革，以及与技术环境相适配的企业组织结构。典型例证详见表 4.4。

表 4.4　财务组织数字化转型驱动范畴的典型引用语举例

范畴	核心概念	典型引用语举例
财务组织转型因素(C_1)	数字技术变革(B_1)	在物联网时代，海尔传统的财务共享中心转型成了一个智慧化、生态化的财务共享平台。海尔利用大数据、用户无感、智能审核、7×24 小时财务机器人，把整个业务流程打造成了“黑灯共享中心”(集团财务平台负责人)
	企业自组织结构(B_2)	海尔集团致力于从制造产品向孵化创客转型。集团现在有约 4000 个小微，大的战略方向是集团设定好，基于战略目标小微会去抢单……也就是小微组织或人承诺要达成的目标(集团人力资源部分负责人)

续表

范畴	核心概念	典型引用语举例
数字化财务组织(C_2)	财务共享中心建立(B_3)	财务共享中心包含负责传统会计核算的财享云、与报表和数据分析赋能相关的财赋云，以及共赢增值表三个部分(集团财务平台负责人)
	数字化财务组织建立(B_4)	数字化财务平台不仅包括会计平台，还有质量运营平台、资金平台、税务平台等模块(集团财务平台负责人)
		除了智报账和智税通，海尔还有退税宝、海尔通行、易付宝、智慧月结、银企账户通、开票通、智能客服等18个智能化产品(集团财务平台负责人)

资料来源：作者根据访谈资料自行整理。

随着信息技术不断升级迭代，人工智能、区块链、大数据、物联网等新技术在海尔广泛应用，成为支撑数字化财务平台建设的基础。以区块链技术为基础，海尔建立供应链自驱体系“票联网”，向供应商和客户提供从订单建立到事后自动开票、自动校验、自动记账和自动结算的全流程服务。票联网体系不仅帮助海尔及其供应链用户解决对账周期长、效率低、票据审核与管理成本高等问题，同时还有助于双方提前进行税务筹划。自2017年起，海尔致力于智能财务机器人的研发，目前海尔拥有的自主知识产权——海旺机器人，已被用于智能客服、月结、收付款、报账、交易响应等7个领域。通过提前嵌入财务处理流程与标准，海旺机器人可以实现“7×24小时”零延误运转，1台机器人可以处理相当于8名财务人员的工作量。由此可见，数字技术的运用是集团财务组织数字化转型的前提与基础。

组织必须进行结构性变革，形成与技术环境相适配的企业组织结构，通过提高对数字技术的理解、嵌入数字文化等方式，有效支撑数字化转型过程的实施（Catlin et al.，2015；Hess et al.，2016）。如果组织结构与数智化系统不匹配，数字化转型将只是流于形式，其效果大打折扣（池仁勇等，2020）。在新技术环境下，传统的以实体为基础的组织形态必然会向以信息为基础的组织形态转变（谢志华等，2020）。2005 年海尔提出"人单合一"模式，这标志着海尔由以制造产品为主的传统制造业企业向孵化创客的平台企业转型。"人单合一"模式中的"人"指员工，"单"指用户价值，"合一"代表员工的价值实现与其所创造的用户价值合一。在这种模式下，员工不再是企业雇用者，人人都是创业合伙人。因此，企业内部的人员结构突破了传统职能岗位层级设定，员工被划分为平台主、小微主与小微成员三类。当集团战略目标设定后，员工会基于集团战略目标"抢单"，以"单"为核心形成小微组织，基于"单"的小微组织构成生态链小微群（以下简称"链群"），最后达成一种动态的、开放的组织形态，最终目的在于满足用户需求，实现价值创造。

命题 4-1：利用数字技术，企业集团财务组织能够通过敏捷的自组织结构调整，及时响应并满足内外部用户需求，助力财务组织数字化转型。

(二)主动式竞合：与内部利益相关者的价值共创共享机制

接下来将讨论集团数字化财务组织如何与生态圈中内部利益相关者建立主动式竞合关系，从而实现价值共创共享。典型证据举例见表 4.5。

表 4.5 内部竞合价值共创共享范畴的典型引用语举例

范畴	概念	典型引用语举例
内部利益相关者合作(C_3)	小微组织合作(B_5)	我们(财务)对信用类客户会持续监控,只要客户有不良信息反馈进来,我们就会通过大数据分析及时跟进,并在第一时间向小微提供产业风险提示单,让小微有个判断(集团财务平台负责人、某小微负责人)
		智报账与智税通都是我们财务先主动提出的,结合小微等用户的需求,再找 IT 部门提供技术支持实现的(集团财务平台负责人)
	内部上市公司合作(B_6)	因为上市公司要有财务独立性,所以我们自建了财务体系,账目核算和管理系统是(与集团)独立的。但合并报表信息还是会上传到集团报表平台。税务资源的协调与管理还是依赖集团平台(某上市公司财务负责人)
	其他内部合作(B_7)	智能财务系统的开发、使用与维护是我们(IT部门)提供技术支持,结合财务的需求,负责落地实施的(信息技术部门负责人)
		智慧商旅让我们出差订机票、订酒店、打车都不用垫付,也不用贴票报销。财务完全实现公对公结算,为我们提供无纸化、无感化服务(某小微团队员工)

续表

范畴	概念	典型引用语举例
内部利益相关者竞争(C_4)	资源竞争(B_8)	财务人员的任命与撤销都是通过抢单完成的。当有岗位空缺时,大家都可以抢,机会是公平的。参与抢单的员工需要拿着自己的预案去路演,讲如何为业务赋能,与别人PK(竞争),大家去评判(集团财务平台负责人、某小微团队财务负责人、某上市公司财务负责人)
	地位竞争(B_9)	集团的大奖都是层层上报与评选的。今年(2020年)的"920"大奖全球(整个集团)总共不到30人获奖(集团人力资源部门负责人)
		各个领域组织样板会,请典型代表的小微在会上分享经验,张首席会进行指导。参加样板会大家有压力,但能力也会提高(集团财务平台负责人)
价值创造(C_6)	运营管理效率提升(B_{13})	自从互联网云抢单平台建立后,原来集团62名出纳的工作现在只需要3个人就能完成。原来6分钟记一笔账,现在1分钟都不到。每月人均效率从1300笔到现在的3万笔,效率得到大幅提升(集团财务平台负责人)
		刚成立的小微如果单独成立财务组织需要招不少人,成本高,并且合规性没有保证。现在小微借助海尔统一的平台,合规、管控、赋能全部实现(某小微负责人)

续表

范畴	概念	典型引用语举例
价值创造(C_6)	成本费用降低(B_{14})	在没进行财务共享的时候,整个集团的财务人员大约是2000人,其中有1500人负责会计核算。而现在,财务共享中提供交易服务的只有150人(集团财务平台负责人)
		智能财务系统中的结算平台,帮助我们(小微)打通专卖店与供应商、银行等部门的沟通与流程,结算效率得到大幅提升,降低了资金使用成本(某小微财务负责人)
	研发创新增加(B_{15})	海尔目前整个智能财务体系,99%都是基于海尔自己的个性化需求开发出来的,IT部门负责落地。2017年我们开始研发的海旺机器人,集团拥有自主知识产权(集团财务平台负责人)
价值共享(C_7)	组织生态圈建设(B_{16})	不同于传统财务的串联形式,智能财务系统是一个云平台,是社群共创的链群。我们搭建了10种财务语言服务,设立了15大类场景,管理20余种货币和全球4大现金池(集团财务平台负责人)
	价值共创共享理念(B_{17})	对于价值增值部分,利益相关方是价值共创共享的,可以概括为"缴足利润、挣够费用、盈亏归己、增值分享"(集团人力资源负责人)
		我们创新的第四张报表共赢增值表,就是让大家从用户的角度思考问题,考虑生态方共赢,共同创造价值,才能拿到增值分享(财务战略部负责人)

资料来源:作者根据访谈资料自行整理。

1.与内部利益相关者合作关系的建立

在海尔,企业内部的人员结构突破了传统职能岗位层级设定,员工被划分为平台主、小微主与小微成员三类。从企业组织结构看,海尔是由一系列支持平台与众多小微组织构成的。与会计、税务、资金、质量运营等相关的财务内容被集成于集团财务平台,发挥支持平台的作用。从业务角度出发,对于海尔财务平台而言,其关键内部利益相关者主要包括小微组织、其他支持平台,以及构成平台与小微的企业员工。这种合作关系能够发挥以下作用。

一是对于小微组织满足需求与创造需求。在海尔,财务组织生态圈最重要的内部利益相关者是众多的小微组织。海尔中的小微组织就规模而言并不是均衡的,例如,有创业新孵化出的小微组织,也有从小微组织成功发展为上市公司的团队。由于上市公司财务组织的管理要求与一般小微组织并不相同,因此本章将已成为上市公司的小微组织单独划分为内部利益相关者的一类。

对于一般小微组织而言,传统财务组织更多的是发挥事后会计核算以及管控职能,被认为“只会闸口,不能业务赋能”。自集团财务组织进行数字化转型以来,财务平台已经向小微组织提供风险管理、资金管理、预算管理以及绩效管理支持,财务组织的定位也从“管控系统”向“价值创造者”的角色转变。具体而言,为了满足小微用户的业务赋能需求,集团财务平台专设“业务财务”角色,并以小微组织中的财务管理部形式发挥职能。小微组织的财务管理部采取向小微组织和集团 CFO(首席财务官)双线汇报形式,呈现矩阵式管理特点。在访谈中,某小微财务负责人谈到:“财务核算全在集团的共享平台,这极大地简化了小微的财务。我们财务管理部只负责小微的事前预算全流程管理、事中动态管理,以及事后观察与反馈……业务财务的角色本质在于利用财资生态圈中的信息与模型,帮助发现业务问题、提供决策支持、匹配资源解决问题,成为小微的决策支持提供者与业务战略合作伙伴。”

一方面,基于小微组织业务赋能的需求,集团财务平台利用动态信息收集与数据分析技术,配合小微组织进行风险、资金、预算与绩效管理。另一方面,数字化财务组织本身也具有发展自驱力,这表现为站在用户的角度,主动创造需求、创造价值。以集团“智税通”产品为例,这款智能化产品是海尔与青岛市税务局合作开发,用于办理在线纳税申报和退税业务的系统。通过实现税企直连,集团税务业务办理效率得到提高,同时也有助于降低资金成本。集团财务平台负责人在访谈中表示:“税企直连最初是由我们财务提出的,然后我们找到小微,结合他们提出的需求,再利用集团 IT 技术平台最终实现。”因此,通过满足需求与创造需求相结合的方式,集团数字化财务平台与小微组织构建了合作关系。

二是满足集团内部上市公司合并报表需求。对于已成为上市公司的小微组织而言,其与集团财务平台的合作关系是极为有限的,这主要是为了满足我国上市公司财务独立性的要求。在访谈中,集团内某上市公司 CFO 谈到:“我们(上市公司)的财务体系是独立的,但由于我们也在集团合并报表范围内,与合并报表相关的信息还是会上传到集团报表系统中去。”因此,集团财务平台利用会计核算模块,在满足内部上市公司合并报表需求的同时,也为上市公司股东、集团管理层与集团股东提供准确、及时的业绩报告。虽然管理层、股东与集团财务平台并没有密切的业务关联,但是集团财务平台也通过提供及时、合规的财务报告与信息,恰当地反映股东权益,为管理层与股东这一类利益相关者负责。

三是与其他内部平台相互支持。海尔除财务平台外,还有一系列为小微提供服务的支持平台,如 IT 技术平台。集团财务平台可以作为用户方,基于业务需求与集团 IT 技术平台建立合作关系,借助于信息技术支持,实现智能化产品与数智化财务系统落地。在访谈中,IT 技术平台负责人表示:"集团智税通、智慧商旅等多款数智化产品,都是与财务平台合作完成的。"

四是提升员工财务服务体验。海尔财务平台还致力于提升每位员工的财务服务体验。智慧商旅正是集团财务平台通过满足用户需求与主动创造用户需求的方式形成的数智化产品。基于传统差旅报销过程中的痛点,财务平台主动提出利用数字技术的解决方案,并广泛征求员工的具体服务需求,再与 IT 技术平台合作使方案落地。目前智慧商旅已经为员工提供无纸化、无感化的财务服务,实现出差"零垫付"与"零贴票"。

2.与内部利益相关者竞争关系的建立

在企业内部,各组织与部门通常会为了企业整体利益而合作,但企业资源毕竟是有限的,各组织与部门之间也会因为争夺企业的稀缺资源如部门预算、高层领导的重视程度等而竞争(Luo,2007;刘智强等,2019)。在海尔,集团财务平台与关键内部利益相关者同样存在竞争关系,主要体现在资源竞争与地位竞争两方面。

一方面,从资源竞争角度,由于企业资源是有限的,各部门与组织之间往往会形成竞争关系(刘智强等,2019;周江华等,2019)。在海尔,财务平台与其关键内部利益相关者形成了人力资源竞争关系,这主要是源于"人单合一"制度。财务人员的任命与撤销都是通过"抢单"完成的。当有岗位空缺时,所有员工都可以"抢单",并且机会是公平的。因此,集团财务平台就需要与其关键内部利益相关者展开人力资源竞争,吸引更多、更优秀的员工到自己的平台中工作,从而创造更大的用户价值。

另一方面,从地位竞争角度,获取高层管理者的关注,成为组织内最具有代表性的主体,是组织内重要的竞争驱动目标之一(刘智强等,2019)。获取高层管理者关注的方法有很多,在海尔案例中,我们识别出了两种可以获取高层管理者正面关注并成为组织内有代表性主体的方法,即"获得集团奖项"与"参与样板会"。获得集团奖项是获取高层管理者关注的重要方式之一。在访谈中,海尔人力资源负责人提到,"集团'920'大奖获取难度很高,2020年集团全球范围内只有不到30人获奖。获奖的员工会由张首席亲自授予奖章,过程非常隆重"。2020年集团"920"大奖的其中一位获奖者也印证了上述说法。

各个业务领域还设有"样板会"的制度,由典型小微组织代表向集团管理层、战略投资委员会、各业务领域人力资源部门等展示各自的成功经验与不足。

综上,集团财务组织在数字化转型过程中,基于资源竞争与地位竞争,与内部利益相关者在建立合作关系的同时,也形成了竞争关系,即竞合关系。与企业间迫于外界压力形成的被动式竞合不同,集团财务组织与内部关键利益相关者的竞合关系更偏向于高层管理者主动引入的主动式竞合。

3.基于主动式竞合关系的价值共创与价值共享

由于竞合关系的本质是矛盾的,因此竞合既可能带来好的结果,也可能带来坏的结果。区别于企业间的竞合,企业内的竞合往往是为了谋求内部绩效增长的主动式竞合。而且企业内的主体通常会因为共同的组织认同,更容易建立较高水平的信任,竞合关系相对更加稳固(刘智强等,2019)。

在海尔,财务平台与其关键内部利益相关者的竞合关系属于主动式竞合关系。这是由于数字化财务平台从组织结构上属于支持平台,其核心职能是为小微组织、内部上市公司、其他平台、员工等内部利益相关者提供全方位的支持。这就决定了这种竞合关系是以合作关系为主的，双方存在的竞争关系则是集团促进主动性合作、提高合作效率的一种机制。

集团财务平台与其内部利益相关者通过“满足需求”与“创造需求”相结合的方式，构建了双方的合作关系。而满足需求与创造需求的本质目的正是在于创造价值、实现价值。集团财务组织与其内部利益相关者的资源竞争，本质是如何以企业有限的资源创造最大价值的博弈过程。而双方的地位竞争，关键在于激发企业内部各组织创造价值的主动性，提高企业内部各方合作程度与效率。因此，双方的竞合关系本质上也是一种价值共创关系。这种价值共创体现在运营管理效率提升、成本费用降低、研发创新增加等方面。例如，小微组织可以借助集团财务平台实现合规、管控、赋能需求，极大地简化了自身财务架构，降低了运营管理成本。集团财务平台数字化转型后，人均表单处理效率由 1300 笔/月提升至 30000 笔/月，财务人员规模由 2000 人左右降至约 150 人，大幅节省了人力成本，提高了财务工作效率。

同时，集团财务平台在竞合过程中形成的自主知识产权，体现为研发创新绩效的提高。除了访谈中提到的海旺机器人等知识产权外，本章还通过“专利检索及分析”网站，以申请人为“海尔”、专利分类号为“G60Q”[①]为关键词进行查询，共获得 546 项专利数据，其中，发明专利共 531 项，实用新型专利共 15 项。在阅读这 546 项专利数据的摘要后，剔除了明显与财务内容无关的专利 226 项，剩余发明专利 313 项，实用新型专利 7 项。与财务相关的、典型的发明专利如“电子单据的确定方法、装置、存储介质及处理器”“安全支付方法及体系、存储介质及电子装置”等。筛选后的发明专利按照专利申请日与公开日数量绘制成趋势图 4.1。近年来，海尔财务

① 专利分类号“G60Q”专门适用于行政、商业、金融、管理或预测目的的数据处理系统与方法，其他专利类目不包括以上数据处理系统或方法。

数字化转型在研发创新绩效方面呈现逐年增长趋势。

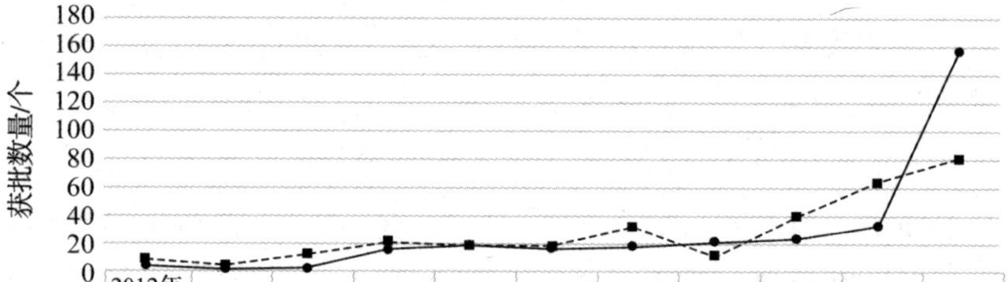

	2012年以前	2012	2013	2014	2015	2016	2017	2018	2019	2020	2021
申请日	9	4	13	21	19	18	32	12	40	64	81
公开日	4	2	2	16	19	17	18	21	23	33	158

图 4.1　经筛选后海尔 G60Q 类发明专利数量变化趋势

资料来源：专利检索及分析网。

价值共享是价值创造与实现的前提。在海尔，基于生态圈的价值共享也是财务组织进行数字化转型的核心观念。从价值共享观念上，集团财务平台负责人提到："目前我们致力于打造海尔物联网范式的生态智能财务体系……要考虑生态方共同提效的需求。"组织生态圈的各方既是价值创造也是价值共享的对象。海尔自创的第四张财务报表"共赢增值表"就是从生态方的角度去思考如何共同创造价值、共享价值的工具。从价值共享制度上，海尔的薪酬制度原则"我的用户我创造，我的增值我分享"与"缴足利润、挣够费用、盈亏归己、增值分享"已经充分实现了利益相关者的价值共享。只有当价值增值部分可以被利益相关者按照制定的原则分享时，企业内部的各组织与部门才有创造价值的动力。

命题 4-2：企业集团财务组织在数字化转型过程中，与其关键内部利益相关者通过"满足需求"与"创造需求"建立合作关系，通过"资源竞争"与"地位竞争"建立竞争关系，并以主动式竞合机制实现生态圈价值共创与价值共享。

(三)合作主导:与外部利益相关者的价值共创共享机制

企业与竞争对手、联盟伙伴以及其他合作者之间的竞合行为构成横向竞合关系,与产业链上下游企业间的竞合行为构成纵向竞合关系。

根据波特五力模型,企业通过与供应商、顾客建立合作关系,实现知识和资源互补,但供应商及顾客也会因自身利益与企业讨价还价,因而存在竞合关系(杨震宁和赵红,2020)。与竞争对手建立的横向竞合关系中包含强有力的竞争性相比,企业与非竞争者,如高校等研究机构、政府、供应商、分销商、客户等的纵向竞合中不存在竞争性,或者竞争性相对较弱(李东红等,2020)。接下来将讨论,集团数字化财务组织如何与生态圈中关键外部利益相关者建立以合作为主导的竞合关系,从而实现价值共创与价值共享。外部合作价值共创共享范畴的相关证据链举例详见表 4.6。

表 4.6 外部合作价值共创共享范畴的典型引用语举例

范畴	概念	典型引用语举例
外部利益相关者合作(C_5)	上下游产业链合作(B_{10})	我们同全国供应商、经销商、客户全部实现了网上下单、线上收款、自动开票、自动对账、发票校验等。我们和供应商、客户之间的账期,也是通过自动结算体系自动计算付款时间(集团财务平台负责人)

续表

范畴	概念	典型引用语举例
外部利益相关者合作(C_5)	政府部门合作(B_{11})	财务平台与国家税务局实现全网直连，在线办理发票认证、税务申报与退税业务；与海关全网直连，出口退税周期 1 个月（行业普遍 6 个月）；与外管局直连，结汇备案实现 T+1 天（行业普遍 3 天）（集团财务平台负责人）
	其他外部合作(B_{12})	海尔财务平台与全球 36 家银行建立互联，包括建设银行、渣打银行、汇丰银行、苏格兰皇家银行、美国银行等，覆盖海尔集团全球业务（集团财务平台负责人）
		自 2008 年至今，大概有 5000 家企业来海尔交流如何实现数字化财务转型。海尔也与一些院校建立了产学研基地，如中国海洋大学、西安交通大学等（媒体报道）
价值创造(C_6)	运营管理效率提升(B_{13})	财务平台解决了我们与供应商、客户之间原来订单流程长、效率低、付款慢、虚开增值税发票等问题，还能够帮助我们的供应商和客户提前做税务筹划（某小微负责人）
		每家法人公司报税从原来平均耗用 4 小时，到现在只需要 10 分钟。出口退税周期也从平均 210 天缩短至 1 个月左右（集团财务平台负责人）

续表

范畴	概念	典型引用语举例
价值创造(C_6)	成本费用降低(B_{14})	我们(财务)通过税企直连缩短了退税周期,资本成本得到降低,一年可节约几千万元(集团财务平台负责人)
		财务系统中的自动结算平台连结了供应商、客户、银行等系统,降低了交易资金成本(集团财务平台负责人)
	研发创新增加(B_{15})	财务系统中的智税通与退税宝两个智能化产品,就是我们与青岛市税务局合作开发的,都具有国家级版权认证(集团财务平台负责人)
价值共享(C_7)	组织生态圈建设(B_{16})	目前我们致力于打造海尔物联网范式的生态智能财务体系,也就是说财务不再局限于企业内部的价值,而是把目光拓展到生态范围……我们财务转型要考虑生态方共同提效的需求(财务战略部门负责人)
	价值共创共享理念(B_{17})	数字化财务转型就是要打破传统组织边界,实现利益相关者的共创共享(集团财务平台负责人)

资料来源:作者根据访谈资料自行整理。

1.与外部利益相关者合作关系的建立

企业与外部利益相关者的竞合关系中不存在竞争性,或者竞争性相对较弱(李东红等,2020)。企业与高校等研究机构进行产学研合作,可以帮助企业获得最前沿知识,了解技术发展趋势,获得技术指导(Tether,2002;Faems et al., 2005);与客户合作有助于企业准确把握市场需求，开发出更容易被市场接受的产品（Von，1986）；与供应商合作可以帮助企业降低成本，提高零部件质量，获得技术市场等信息，从而提高绩效（Chung and Kim，2003）。

在海尔的案例中，我们发现集团财务平台与关键外部利益相关者建立了合作关系，两者间的竞争关系极弱，这也印证了以往的研究结论。

首先，对上下游产业链中的利益相关者来说，数字化财务组织中以区块链技术为核心的票联网模式可以为供应商、经销商、客户提供全流程服务。以供应商为例，海尔财务平台可以与供应商在网上创建订单，当系统接收到供应商的发货信息与业务前端的收货信息时，系统可以实现信息自动匹配，即自对账。由于集团财务平台已实现与金税系统对接，金税系统则可以根据对账信息自动开票。财务平台再依据对账信息与开票信息记账，同时系统中的自动结算体系将根据账期计算付款时间，到期支付货款。集团财务平台负责人表示："票联网有效地解决了我们与供应商、客户之间原本对账周期长、效率低、票据审核与管理成本高等痛点。"

其次，海尔财务平台与政府部门也建立了合作关系。集团财务平台与国家税务局实现全网直连，实现在线办理发票认证、税务申报与退税等业务；与海关实现全网直连，可以在线办理出口退税等业务；与外管局直连，实现在线办理结汇备案等业务。其中，海尔与青岛税务局的税企直连已经成为在全国推广的样板模式。双方建立合作关系的关键因素之一是青岛税务局推行的"一人一企、一企一策、一事一议"的"大企业管家"服务思想。在访谈中，集团财务平台负责人也表示："实现税企直连主要取决于税务局要不要跟企业连接。青岛税务局比较有创新意识，从 2016 年开始就与我们开展合作了。"

最后，海尔财务平台还与银行等金融机构、高校等科研机构建立了合作关系。目前,海尔财务平台已与全球36家银行建立互联,包括建设银行、渣打银行、汇丰银行、美国银行等,覆盖了海尔集团全球业务范围。此外,海尔集团也与一些高校如中国海洋大学、西安交通大学等建立产学研融合实验基地,以获得财务组织数字化转型相关的前沿知识与理论指导,并对财务组织数字化转型的实践经验进行总结与提炼。

2.基于合作关系的价值共创与价值共享

纵向竞合中企业与合作伙伴的利益更加趋同,更容易产生合作需求,价值创造和价值占有更是一种集体行为(万幼清、王云云,2014;彭珍珍等,2020)。这表明企业与外部利益相关者建立合作关系的目的在于实现价值共创与价值共享。在海尔,基于满足双方共同需求的目的,集团财务平台与其关键外部利益相关者建立以合作为主导的竞合关系,并实现价值共创与共享,包括运营管理效率提升、成本费用降低、研发创新增加等。

数字化财务组织与供应商、客户等供应链上下游企业建立合作关系,对双方而言均实现了提高交易流程效率、降低审核与管理成本的效果。在访谈中,某小微负责人谈到:"海尔财务平台中的自动结算平台连接了供应商、客户、银行等系统,有效地帮助我们降低了交易资金成本。"海尔财务平台与税务部门实现税企直连后,在线办理发票认证、税务申报与退税业务,能够有效地提高双方的业务流程效率。对海尔而言,税企直连使集团中每家法人公司报税从平均耗用4小时降低至约10分钟。在成本费用节约方面,集团财务平台负责人也证实,"我们通过税企直连缩短了退税周期,资本成本得到降低,一年节约大概几千万元"。此外,由于集团智税通与退税宝两个智能化产品属于合作开发,因此海尔与青岛市税务局双方也共有版权认证。海尔财务平台与海关部门实现直连，在线办理出口业务，双方均提升了业务流程效率，海尔集团出口退税周期从平均210天下降至1个月左右。集团财务平台与外管局连网在线办理结汇业务，结汇业务效率也明显得到提升。目前海尔集团T+1天结汇备案时间短于行业平均天数。

在数字化财务组织与外部利益相关者合作关系的建立与维持过程中，双方实现了价值共创与价值共享的目的。这一结果的实现除了依靠双方因提高交易便利性等共同需要而产生的合作动机外，双方拥有的价值共创与价值共享理念也发挥了至关重要的作用。海尔当前打造的物联网范式智能财务体系，将财务的视角不再局限于企业内部价值，而是拓展到整个生态圈，考虑生态方共同提效的需求。同时，外部利益相关者尤其是政府部门，更需要有“放管服”等主动合作与创新的观念，才能真正地促使生态各方实现价值共创与价值共享。

基于以上分析，我们得到如下命题：

命题4-3：*以“满足双方共同需求”的动机和“主动创新”的理念为驱动，企业集团数字化财务组织与其外部利益相关者建立以合作为主导的竞合关系，实现生态圈价值共创与价值共享。*

四、案例讨论与结论

本章通过对海尔的实地访谈和相关资料的收集与梳理，并基于扎根理论，采用严谨的结构化数据分析方法，揭示了企业集团财务组织数字化转型的因素要件，以及数字化财务组织和内外部利益相关者实现价值共创与价值共享的竞合机制。

（一）财务组织数字化转型的因素要件

数字技术的运用、与技术环境适配的企业组织结构是企业集团财务组织成功实现数字化转型的因素要件。在数字时代，信息更具有规模化、实时性、场景化等特征，用户需求逐渐多样化、个性化，企业不仅需要利用数字技术获取、处理与分析数据，及时捕捉市场变化与用户需求，还需要通过敏捷的自组织结构迅速调整与响应。在组织形态与环境特征相匹配的条件下，数字化财务组织才能发挥出最大的价值。

(二)与内外部关键利益相关者建立主动式竞合关系

在数字经济时代，财务组织应着眼于财务发展生态的各方面，与生态圈的利益相关者形成价值共创共享关系（刘勤，2017；陈剑等，2020；谢志华等，2020）。通过案例分析，本章发现，企业集团财务组织与内部关键利益相关者建立主动式竞合关系，与外部关键利益相关者建立合作主导的竞合关系，并以此机制实现生态圈价值共创与价值共享。

具体而言，作为企业内部的一个职能部门，数字化财务组织需要发挥决策支持、管理支持、业务赋能等作用，满足内部利益相关者的需求。但区别于仅仅被动地满足需求，借助于数字技术，数字化财务组织应主动创造需求，向价值创造者的角色转变。通过"满足需求"与"创造需求"，数字化财务组织与内部利益相关者建立主动合作关系。同时，由于企业资源是有限的，企业内部各部门之间也会因为争夺企业的稀缺资源而竞争。数字化财务组织与内部利益相关者基于人力资源的博弈形成资源竞争，基于获取高层管理者的关注以及成为组织中具有代表性主体的动机，形成地位竞争。与企业间迫于外界压力形成的被动式竞合不同，数字化财务组织与内部利益相关者的竞合关系更偏向于高层管理者主动引入的主动式竞合。这种以合作为主要目的的主动式竞合关系，本质上是一种价值共创关系。

由于企业与外部利益相关者的竞合关系中不存在竞争性，或者竞争性相对较弱，数字化财务组织以“满足双方共同需求”的动机和“主动创新”的理念为驱动，与关键外部利益相关者建立以合作为主导的竞合关系。在纵向竞合中，财务组织与供应商、客户、政府部门、金融机构等业务合作伙伴的利益更加趋同，基于提高业务效率、降低成本费用等共同需求，更容易产生合作关系。基于满足双方共同需求的动机，数字化财务组织主动合作与创新的理念驱动了双方合作关系的建立与维持，成为生态圈价值共创与价值共享的基础。

（三）基于生态圈的价值共创与价值共享

财务组织突破传统职能部门的界限，创造并满足利益相关者的集成式需求，与内外部关键利益相关者构建主动式竞合关系，实现财务组织生态圈各方整体价值的最大化。满足需求与创造需求的目的在于创造价值、实现价值。通过案例分析，本章发现，在生态圈模式下，财务组织与其利益相关者可以在运营管理效率提升、成本费用降低与研发创新增加方面实现价值共创。

当价值增值部分可以被利益相关者按照制定的原则分享时，企业内部的各组织才有创造价值的动力。价值共享是价值创造与实现的前提（谢志华等，2020）。财务组织生态圈的各方既是价值创造的主体，也是价值分享的对象。各方需要秉持价值共享观念，视角不再局限于本企业的内部价值，而是思考如何共同创造价值、分享价值。同时，按照既定的价值共享制度与原则分享价值增值部分，使得财务组织生态圈模式得以维持与稳定运行。

综上，本章归纳出了“利益相关者视角下集团财务组织数字化转型战略”的理论模型，如图 4.2 所示。

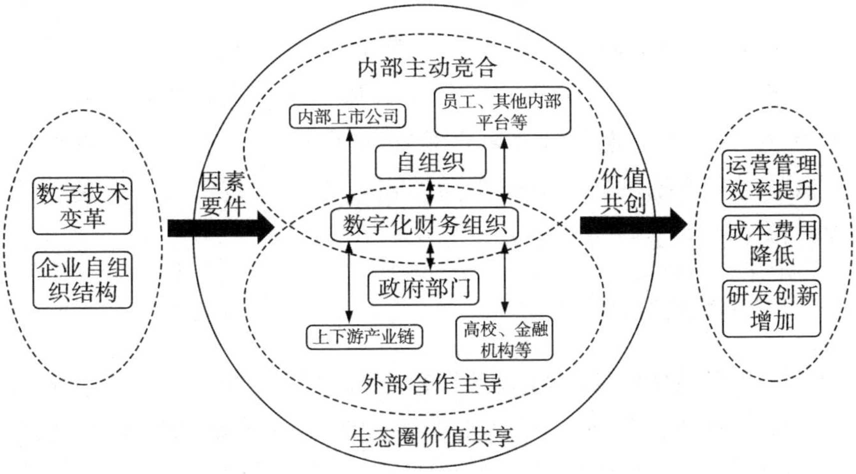

图 4.2 利益相关者视角下集团财务组织数字化转型战略理论模型

资料来源：作者自行整理。

五、理论贡献与启示

基于现有文献缺口和本章案例分析结论，下面主要讨论本章研究的理论贡献、实践启示与研究局限。

（一）理论贡献

在利益相关者视角下，本章分析了集团财务组织数字化转型驱动价值共创共享的机制，可能的理论贡献在于：一是探讨了企业集团财务组织数字化转型的驱动因素以及驱动因素的作用机制，对财务组织数字化转型驱动因素与作用机制相关研究进行了进一步细化与补充。二是以利益相关者为视角，探索了集团数字化财务组织如何驱动生态圈各方实现价值共创与价值共享，挖掘了竞合关系在这一过程中发挥的作用。本章的结论对财务组织数字化转型实现价值共创与共享机制相关的研究做出了补充。三是有区别于企业间的竞合，企业内竞合关系的形成机制与方式较少被关注。本章通过讨论集团数字化财务组织与内部利益相关者竞合关系的建立，呈现了企业内主动式竞合的形成机制，并分析其对企业价值创造与价值共享的影响。这一研究过程为组织内竞合关系研究提供了更丰富的研究场景。

（二）实践启示

本章所展现的海尔财务平台数字化转型可以为其他企业带来一些实操经验与借鉴。一是企业集团财务组织数字化转型作为“一把手”工程，需要相关领导及时地认识到财务组织数字化转型的必要性，并从企业生态圈的角度探索转型方向，实现生态圈各方价值共创与价值共享。二是集团财务组织成功转型一方面离不开数字技术的运用，另一方面与外部环境适配的自组织结构也至关重要。在新技术环境下，以信息为基础的组织形态变革也是财务组织数字化转型的重要条件。

（三）研究局限

尽管本章在选取案例时充分考虑了所选案例的典型性与代表性，以提高研究结论的普适性，但案例企业的研究发现在适用于其他行业类型企业时仍存在一定的约束条件。此外，本章没有对横向竞争关系进行讨论，对竞合关系的程度、竞合战略类型也没有做出更详细的区分并讨论其对价值创造与价值共享的影响差异。这些有待后续研究进一步跟进与完善。

第五章　数字情境下组织内竞合关系与管理会计工具的协同机制

在第三章和第四章的基础上，本章主要从管理会计工具应用视角，关注组织内竞合关系如何赋能企业财务数字化转型的问题。数字技术的发展为解决管理工具的实践问题提供了契机，然而大多数企业管理会计创新关注的是工具、方法或体系等技术层面的优化，却缺乏基于组织整体层面的制度基础，这正是影响我国管理会计应用效果的重要因素。本章关注数字情境下组织内竞合关系如何与管理会计工具协同，不仅能够从理论上丰富管理会计应用的相关研究，也有助于从实践上为其他企业未来更好地提升管理会计应用效果提供经验启示。

一、问题提出与理论分析

本节将从现实需要和理论文献两个方面阐述本章所研究问题存在的研究缺口，具体如下。

(一)问题的提出

自 2014 年以来,财政部陆续颁布了《关于全面推进管理会计体系建设的指导意见》《管理会计基本指引》《管理会计应用指引》等指导性文件,为推动管理会计应用奠定了扎实的制度基础,也为企业提供了丰富的管理会计工具和方法。其中,2016 年《管理会计基本指引》指出,管理会计工具和方法是单位应用管理会计时所采用的战略地图、滚动预算管理、作业成本管理、本量利分析、平衡计分卡等模型、技术、流程的统称。随着数字技术的更新,企业所面临的外部环境不确定性增加,行业竞争愈加激烈,企业急需创新管理制度以提高核心竞争力,这进一步激发了企业主动应用各种管理会计工具的热情(王斌等,2020)。

如何提高管理会计应用效果?数字技术的发展为该问题的解决提供了契机(孙新波等,2022)。企业可以借助多样化的数字技术详细记录、精准测度员工的工作行为和信息,通过搭建沟通渠道加强上下级、同级之间的沟通,并实时评价员工业绩,以控制、纠正预算偏差,实现精准预算和精准激励(Ball and Margulis, 2011; Kellogg et al., 2020;刘凌冰等,2018;龚炎等,2019;刘运国和郑明晖,2022)。然而,不同组织的管理会计应用效果千差万别,我们不能单纯地将其归因于外部环境、信息技术应用,或是内部管理会计知识掌握的差异。从组织的制度视角来看,管理会计应用作为一种重要的管理活动,必须有落地生根的制度土壤。而大多数企业管理会计创新关注的是工具、方法或体系等技术层面的优化,却缺乏基于组织整体层面的制度基础(王斌等,2020)。制度结构包括法律法规、公司章程、公司治理、授权体系、激励制度等正式制度,还包括文化、习俗等非正式规则。王斌等(2020)提出管理会计应用的制度结构由基础性制度、治理性制度和运作性制度构成,而制度基础的缺失或者不完善，正是影响我国管理会计应用效果的根本原因。

鉴于此，本章关注的问题是借助数字技术，企业如何使组织制度基础与管理会计工具产生协同效应，从而真正地提升管理会计应用效果。

(二)理论分析

1.数字技术与管理会计工具应用

管理会计工具被认为是管理会计理念的具体化、模型化(沙秀娟等，2017)，其种类众多，分类方法也多种多样。按照功能属性，管理会计工具可以分为多个应用层次，不同层次的管理会计工具的基本功能定位具有差异性，但同时又相互配合、互为补充，更好地服务于企业管理活动(姜洪涛和王满，2020)。在管理会计工具应用层次的概念框架中，第一层次的管理会计工具是最基本的工具，主要用于成本确定和财务控制，如用于成本控制的预算、基于财务指标的业绩评价、标准成本法等。第二层次的管理会计工具主要为日常经营管理和控制提供决策信息，如用于计划的预算、本量利分析、责任会计等。第三层次的管理会计工具的主要功能是从战略性、全流程视角进行成本管理，消除商业流程中的资源浪费，提高企业资源利用效率，提高企业竞争优势。这一层次的管理会计工具包括作业成本法、目标成本法、零基预算、全面质量管理、价值链分析等。第四层次的管理会计工具主要聚焦于开发组织内部人力资源和组织间成员的潜力，从而创造价值，包括平衡计分卡、经济增加值、激励薪酬、超越预算、跨组织会计等(Abdel-Kader and Luther，2008；王斌和顾惠忠，2014；姜洪涛和王满，2020)。第一、第二层次的管理会计工具属于常规的战术性工具，更多地关注财务指标结果，属于基础管理会计范畴；第三、第四层次的管理会计更注重战略导向性、前瞻性的非财务指标，属于战略管理会计范畴（姜洪涛和王满，2020）。

由于受到诸多因素制约，管理会计工具在实践中想要完全发挥理论功能具有相当大的难度。但数字技术的发展为解决管理会计工具在实践中存在的上述问题提供了契机。已有文献表明，企业可以利用数字技术获取用户浏览、购买、使用、评价等记录信息，更加准确地预测顾客需求，使设计出符合用户需求、市场潮流的产品成为可能（陈剑等，2020）。企业需要具备随时根据环境、顾客调整战略的敏捷性，及时调整绩效目标、预算、生产计划，并相应地合理配置资源，优化预算管理运行效果（刘凌冰等，2018；谢素娟等，2023）。企业可以借助多样化的数字技术收集员工的生物统计学信息、网络足迹信息、文本信息等数据，了解他们的工作行为顺序、耗时、态度和情感，并根据这些数据对员工的工作行为、内容和结果进行精准全面的记录和评价（Ball and Margulis, 2011；Kellogg et al., 2020）。

从预算管理角度看，对员工行为数据的收集可以发挥以下两方面作用：一方面可以较好地控制并纠正预算偏差，确保各种活动按照预算计划开展，使预算管理达到预期效果；另一方面可以降低甚至消除信息不对称，减少上下级之间出现的预算博弈情况，提高预算沟通效率，达成预算目标（刘凌冰等，2018）。从激励管理角度看，企业利用数字工具对员工行为数据实时采集与精确测度，将激励过程模块化和考核指标颗粒化，确保员工绩效考核过程透明、结果公平，解决了激励过程“黑匣子”“搭便车”等问题（龚炎等，2019；孙新波等，2022；刘运国和郑明晖，2022）。同时，实时的数据收集与反馈还可以提高业绩考核频率，兼顾结果评价的 KPI（关键绩效指标）制度和过程沟通的 OKR（目标与关键成果法）管理，通过与员工及时沟通，提供绩效辅导，实现业绩改善（谢素娟等，2023）。

2.数字情境下的组织授权与管理会计应用

随着信息技术的进步,企业组织结构呈现从传统塔式智能型组织结构到矩阵型事业部结构,再向扁平化联盟型结构演化的趋势(胡斌和王莉丽,2020)。研究表明,信息技术越发达,企业决策层掌控的幅度就能越大,组织结构模块化、扁平化和全球化的特征就越明显(Kim et al.,2015)。数字化破除了企业自上而下的垂直纵向结构,催生出了去中心化、去中介化的网格组织,形成了开放式、生态式的基层自治组织,使企业变得更加灵活敏捷,富有柔性与创造性(戚聿东和肖旭,2020;刘政等,2020)。数字技术提升企业效率和价值创造水平的关键在于组织变革(Yoo et al., 2012;刘政等,2020)。

权力配置是企业组织变革的重要内容。对于组织情境下的个体,其权力来源有不同的理论观点。例如,Bernard Bass 和 Ruth Bass(2008)提出,个体权力来源于职位权力、个人权力以及二者衍生出的关系权力。但随着数字技术的发展与组织结构变革,根据雇佣关系确定赋权的组织管理方式逐渐成为信息时代组织和个人成长的桎梏。在企业内部,信息技术的运用普及导致信息不对称程度降低,传统组织信息优势逐渐消融,组织越来越依赖于授权和自我管理的方式来管理个体和团队。研究表明,自我管理和自我领导可以提高团队工作效率,创造积极的工作环境,提高目标绩效(Lovelace et al., 2007;章凯等,2014)。企业与员工在合约层面的雇佣关系由岗位基点逐渐向工作任务基点转变,并且雇佣关系呈现向合作关系演化的趋势(罗仲伟等,2017)。若企业与组织成员以合作关系为前提,那么企业目标也将是全体员工目标的集合,企业与组织成员利益共享、风险共担,互相成就,共同为社会创造价值(罗仲伟等,2017)。同时,企业内部成员及其在组织中的角色也发生了重大变化，听命于组织安排的员工逐渐被自主思维、自激励意识、使用组织公共资源和服务的“创意精英”取代。组织中个人能力的提升，自我管理、终身成长的学习型组织思维受到认可（赵书松等，2020）。

管理会计应用基于授权并强化责任，它强调“知识与决策权的统一”，就是将决策权配置给那些掌握信息最多并对决策权的价值认定最高的人。以预算管理为例，良好的预算管理既可以强调战略导向与管理的整体性，又可以兼顾总部与分部的清晰权责和授权范围内的自组织、自管理（王斌等，2020）。激励制度的根本问题则在于保证个人与组织的目标一致性。数字激励可以通过创设新的激励机制改变原有机制的实现方式（孙新波等，2022），如胡元聪（2021）提出的赋予权力型激励、增加收益型激励和提高声誉型激励三种机制。其中，赋予权力型激励是对参与节点赋予参与权、决策权、所有权和检举权以实现激励目的；增加收益型激励是通过收益奖励、利润再分配等方式激发参与节点的主动性；提高声誉型激励则是通过持续参与声誉、诚实参与声誉和智能合约声誉产生激励作用。基于任务目标的绩效评价和利润分享等形式的激励制度是保证管理会计应用效果的核心（王斌等，2020）。

综上，现有文献总结了管理会计工具在企业实际应用中存在的问题，并指出了数字技术发展和应用解决部分管理会计工具应用困境的理论路径。同时，在数字情境下，相关文献提出，组织授权应与组织结构逐渐扁平化的特征相符合，清晰的权责和授权范围内的自我组织和自我管理是保证管理会计工具发挥效用的重要基础。但是，现有文献通常从企业管理技术应用、组织结构变革等某一维度剖析企业如何提升管理会计效能，较少关注在实践中企业如何结合数字技术和组织授权共同赋能管理会计工具应用，促进管理会计职能发挥。

二、研究设计

本节主要介绍本章使用的研究方法、案例设计与案例描述。其中,在案例描述部分,详细阐释了海尔链群合约系统的机制原理,以便为后续案例分析与讨论提供清晰的制度背景。

(一)研究设计与案例选择

1.研究方法

本章采用探索性单案例研究方法,原因在于:一是本章关注的问题是企业如何利用数字技术,通过组织授权赋能管理会计工具应用,属于“如何”的问题范畴(Yin, 2013)。案例研究方法适合探讨过程类和机制类的问题。同时,过程类研究问题对数据的丰富性和全面性有较高的要求,单案例研究更能够保证案例研究的深度。二是现有文献对数字技术和组织授权共同赋能管理会计工具机制的关注并不充分,采用探索性案例研究方法有利于发现新的理论洞见(毛基业和李高勇,2014)。

2.案例选择

根据核心问题及研究情境,本章以海尔作为案例研究对象,主要原因在于:一是案例的适配性。海尔以小微、链群为代表的组织结构呈现典型的扁平化趋势,组织向下授权充分,团队内实现自主经营和自我管理,团队间的竞争与合作得到了充分发展。同时,利用大数据、区块链等信息技术,海尔于2019年探索出一套数字化架构辅助链群形成、运营、管理、评价等,被称为链群合约系统。通过深入剖析链群合约机制,本章能够回答企业如何利用数字技术,通过组织授权赋能管理会计应用这一问题。海尔案例为本章研究提供了典型的研究情境。

二是案例的启发性。一方面，通过剖析海尔链群合约机制有助于提取数字技术与组织授权赋能管理会计应用的理论模型，对已有文献缺口做出补充；另一方面，在强调组织形态敏捷性、数字技术深化发展的趋势下，通过总结海尔如何利用数字技术提高管理会计工具效率，也有助于为更多企业提高管理会计效能提供实践启示。

3.数据收集

本章研究数据收集遵循“三角验证”要求，包括一手数据资料、二手数据资料与参与式观察三种主要方式。其中，一手数据资料主要来源于半结构化访谈，详细信息见表 5.1。二手数据资料、参与式观察的内容与第三章基本相同。

表 5.1　案例企业半结构化访谈信息

数据来源	名称	访谈内容	人数/人	时长/小时
干衣链群团队	链群主	干衣链群成立过程、日常经营业务内容、与其他团队竞争合作情况等	3	3.6
	财务、人力员工	团队成员管理、链群合约系统使用、成员间竞争合作氛围等		
雷神链群团队	链群主	雷神链群成立过程、成员筛选与管理、目标设定与执行过程等	5	3.1
	财务、人力、IT、战略员工	链群合约系统赋能、薪酬制度、精神奖励、与集团间沟通等		

续表

数据来源	名称	访谈内容	人数/人	时长/小时
链群合约系统团队	链群主	链群合约系统开发过程、系统主要功能、数字技术应用等	2	3.4
	人力员工	员工数据管理、员工匹配制度等		
三自平台	财务、人力、战略主管	三自平台组织结构、赋能链群的制度设计等	6	2.9
	财务、人力、战略员工	三自平台日常工作内容、与链群间的沟通等		
IT 团队	技术员工×2	数据中台构建、数据标准化处理等	2	2.1

资料来源:作者根据访谈资料自行整理。

(二)案例描述:海尔链群合约机制

2019 年,海尔提出了链群合约的概念并自主研发了链群合约系统。链群合约的基本原理是“事前约定、事中动态调整、事后兑现”。事前约定是指在项目正式实施前,系统自动测算链群项目的预计目标与各参与节点的收益分享,并借助区块链技术将其写入链群合约,不容篡改。事中动态调整是指在链群合约执行的过程中,系统会实时反馈各参与节点的工作进度,使各个节点相互监督、相互帮助,及时推进链群目标的达成。事后兑现是指链群完成链群合约签订的团队目标后,系统会根据事前约定的价值分享空间与比例,自动核算并结算薪酬至各个成员账户。链群合约机制见前文图 3.1。

三、案例分析与讨论

根据案例实践，下文将从以下三个方面展开分析：一是数字技术如何赋能组织授权；二是数字情境下组织授权与精准预算如何协同；三是数字情境下组织授权与精准激励如何协同，并以此提炼最终的理论模型。

（一）数字技术赋能组织授权：明确规则与价值导向

1.自主承诺，提高员工工作动力

随着组织日益扁平化，授权和自我管理成为组织管理个体与团队的重要方式（Powell，2001）。相比于被动地接受上级分派任务目标，个体参与目标制定过程会有更高的目标承诺，其工作动机也因此得以提升，并对最终绩效产生积极影响（Piccolo and Colquitt，2006）。正确处理组织目标和员工目标的方式是将员工目标与组织目标融合，在员工实现组织目标的同时，也能够实现个人目标，使员工和组织成为利益共同体（章凯等，2014）。在海尔链群形成的过程中，无论个人目标还是团队目标，均是在企业战略的指引下，由员工自发提出的。自主承诺的目标既是预算管理的目标，也是业绩评价与激励的标准。

具体而言，链群团队的目标最先是由链群主自发地针对用户需求提出的。随后，集团的三自平台在企业战略目标的要求下，围绕用户需求，利用链群合约系统内嵌的数字模型测算出具有市场竞争力的目标，并按照竞争力强弱将目标分为行业平均水平、行业1.2倍、行业领先水平、对赌目标和全球引领水平五个层次。链群主依据用户需求、竞争能力等综合因素，最终确定要挑战的团队目标，并将团队内各个环节的岗位需求公开发布。结合岗位需求、自身能力、意愿等因素，员工提出自己的承诺目标“抢入”团队。当多个成员共抢一个岗位时，他们需要通过路演、竞标等方式竞争团队正式成员的资格，并由链群主确认最终的团队人选。在链群形成的过程中，无论是团队还是员工，其目标都是自主设定和承诺的。链群合约系统借助于数据模型测算，保证目标符合企业战略方向，并具有市场竞争力。一旦目标确定，目标和对应的激励就会以签订契约的方式在链群合约系统中固定，并成为后续预算执行与控制以及业绩评价与激励的重要依据。

2.三权下放，明晰员工权责范围

充分授权与责任认定是管理会计应用最重要的制度基础（王斌等，2020）。保护基础单位自主空间与自治能力能够缓解组织内部上下级、平级之间的冲突，同时激发各级单位内在主动性，并获得一系列积极的工作产出，包括组织承诺、任务与创新绩效等（Seibert et al.，2011；章凯等，2014）。海尔利用链群合约系统对团队和员工充分授权，激励链群团队和成员在人事安排、日常经营决策和收益分配中进行自我管理。

自治权是团队能够快速响应用户需求，迅速调整与适应环境的重要制度基础。在团队层面，海尔对链群主让渡一定范围的用人权、决策权和分配权，即链群主有权力决定员工进入和退出链群，并在一定范围内根据运营情况自主决策、分配链群取得的收益成果。例如在访谈时，干衣链群主就表示，“一些小的投资项目我们团队进行内部论证、自主决策就行了。最后根据链群挣了多少钱，链群主可以来分配奖金”。在员工层面，员工可以根据链群目标、岗位要求、自身能力、链群利益分享规则等因素综合判断并决定是否要抢入某个链群。在成为链群成员后，员工在保证完成阶段目标的前提下，可以自主安排和调整工作时间与计划。链群合约就是让每一位员工都能够“成为自己的CEO”（章凯等，2014）。

当然，团队和成员都需要为自我管理负责。若员工持续不能完成岗位预算目标，他/她将会被链群主或者链群合约系统从团队中辞退。此外，海尔还专门设立了星级评价制度（1星最差、5星最好）用于员工评价，并于每月月底根据目标完成情况、链群主评价等因素由系统自动生成。持续无法完成岗位目标的员工将获得较差的星级评价，这会影响他/她后续在其他岗位上的竞争。若团队不能完成链群合约中签订的预算目标，则团队所有人都不能获得利益分享。明晰团队和员工的权责范围，一方面可以激发团队管理者和成员的工作积极性与责任感；另一方面赋予团队管理者相应的权力，也是保障其驱动团队相互协作、最终实现目标激励的重要制度基础。正如雷神链群主在访谈中所言，“三权让步使我能够让各个部门共同动起来，为用户带来更好的体验与服务，也实现了链群更高的目标”。链群合约系统明晰了员工的授权范围与责任规则，既能提高员工完成目标的积极性，也能规避权责争议和冲突，营造员工间相互信任、协助的关系氛围。

3.主动竞合，激励员工价值创造

随着组织结构呈现扁平化趋势，组织关系中拟人化的权利义务关系日渐平等，组织与员工的雇佣关系也必然向合作关系演进。合作关系彻底改变了员工在企业中的定位和角色，组织本位真正让位于组织中人的本位（罗仲伟等，2017）。海尔链群合约机制不仅强调培养团队和员工的合作意识，更通过引入竞争观念，以主动式竞合的方式连接员工、团队与组织，提高企业的核心竞争力。

首先，在团队内的竞合关系中，员工会因为争夺成为团队正式成员的身份产生竞争关系，同时也会为了完成链群目标而通力合作，只有团队成员共同完成高目标，才能获得高绩效激励。当团队内部突显出某个薄弱环节时，虽然链群主或者系统可以让成员退出团队，但通常成员间会相互帮助，共同克服问题，从而实现团队目标并获取价值分享激励。同时，由于链群合约系统采用日清化管理，每个环节的目标完成情况、价值贡献量都以 T+1 的更新频率对整个团队透明公开，成员也会为拥有更好的声誉和团队地位努力工作，提高个人在团队内的价值贡献度。

其次，在团队间的竞合关系中，由于企业资源是有限的，不同的链群团队会产生资源竞争和地位竞争。从资源竞争角度，资源在海尔各团队间的配置原则并非来自管理层分配，而是基于价值创造导向的竞争。以财务资源为例，对运营成熟的链群而言，如果团队通过系统论证环节被认为能够带来更多产出与收益，财务资源就会相应地倾斜投入。从地位竞争角度，获取高层管理者的关注，成为组织内最具有代表性的主体，是组织内重要的竞争驱动目标之一（刘智强等，2019）。在海尔，链群可以通过参与样板会、获得集团奖项等方式获取高层管理者的正面关注，并成为组织内有代表性的主体。

除竞争关系外，链群团队间产品技术合作与场景销售合作活动也明显增多。例如，卡萨帝干衣机和洗衣机两个链群不仅共享风扇降噪、高分子打散等制造技术，而且会配套出售产品；三翼鸟品牌可以依据顾客需求在销售场景服务的同时销售产品。综上，团队间既存在资源竞争与地位竞争，同时还会基于产品技术与场景销售构建多维合作关系。

与迫于外界压力形成的被动式竞合不同，团队间和员工间的竞合关系是企业内部主动引入、个体积极参与的主动式竞合策略。在竞合过程中，链群合约系统以价值创造为导向，明确了竞合规则和机制，鼓励团队、员工间开展积极的竞争与合作。这有利于提升团队和员工完成目标的积极性与价值创造能力，并最终强化企业核心竞争力。

（二）数字情境下组织授权与精准预算的协同作用

1.自主承诺提高预算目标的竞争性

在传统科层制组织中，当上级依靠预算来评价下级工作时，后者会利用自己掌握的专门知识和信息，在制定预算时有意将实际需求的资源夸大，或者调低自己的生产能力，这种现象被称为预算松弛（刘浩等，2015）。在链群合约机制下，个人和团队的预算目标均由员工自主承诺，系统会依据内嵌的模型工具进行测算，保证预算目标符合企业战略方向，并具有市场竞争力，从而缓解预算松弛问题。

团队目标虽然最初由链群主自发地针对用户需求提出，但这个目标必须是具备竞争力的，这是因为：一方面，针对同一类用户需求，海尔内部可能会有多个团队发起项目，为避免过度竞争可能带来的资源内耗，集团会组织团队之间先竞标，并根据团队业务能力、核心成员经验、团队目标等多维度因素，在论证后选择最合适的某一个或者两个团队开展项目。若链群主提出的预算目标不具备竞争力，则可能在竞争环节落败。另一方面，团队目标必须符合链群合约系统根据数字模型测算出的市场竞争力要求。团队预算目标的市场竞争力越强，团队完成目标后获得的激励则会越高。但若团队制定了过高的预算目标，最终结果失败的可能性也越大，失败导致的惩罚与成本也会反过来约束团队高报预算以获取资源的动机。员工个人预算目标的制定与团队类似。员工根据自身情况提出承诺目标抢入团队，一个松弛的预算方案可能会导致个体在岗位竞争中落败，但同时过高的预算目标也可能无法实现，这不仅会影响个人考核与激励结果，还会降低个人星级评价等级，对后续岗位竞争产生连锁反应。一旦预算目标确立，目标和对应的业绩激励会被正式写入链群合约系统，并利用区块链加密技术防止篡改。预算目标和执行进度在团队内部公开透明，这也是后续进行预算控制和评价的重要标准。

因此，在链群合约机制下，自主承诺促使预算目标的制定对外能够满足用户需求并具备市场竞争力，符合企业战略目标要求；对内能够满足团队和员工的自主需求，激发员工的积极性和成就感。同时，借助于数字技术，链群合约系统能够严格记录和固定预算目标，使之成为事后业绩考核和激励的重要依据，保障预算、考核与激励的公正性。

2.三权下放提升预算执行的灵活性和完成度

预算控制是预算流程的重要环节，加强预算控制能够较好地纠正预算偏差，确保各种活动按照计划开展，促使预算管理达到预期效果（刘凌冰等，2018）。然而，在管理实践中，“有预算不执行”“重预算编制、轻预算执行”等问题却始终存在（王斌等，2020）。导致这些问题的原因是多方面的，可能是在传统预算管理控制过程中，由于数据滞后、粗颗粒数据不能满足预算控制要求，预算管理达不到预期效果；也可能是环境不确定性增加导致预算差异，而一味执行严格的预算控制反而会进一步增大预算偏差率，使得预算整体效果下降（刘凌冰等，2018）。借助于数字技术，链群合约系统细化数据颗粒，大幅度提高了预算控制的精细度。同时，系统向下授权，也提高了员工执行预算的灵活度，从而缓解了预算执行僵化的问题。

具体而言，在日常经营管理过程中，链群合约系统会将每个员工的个人目标细化分解到日，帮助员工清楚地了解自己每天的具体工作任务，并按照每六周的周期进行滚动排定。如有必要，员工可以根据具体工作情况调整预算执行安排。更重要的是，链群合约系统还将以T+1的更新频率展示各节点预算目标与执行的差异，并运用区块链技术进行分布式记录，使各节点的每日数据不能篡改，且在团队内部透明公开。当发现团队内部某节点落后于预算目标时，通常成员间会相互帮助，共同克服问题，努力促使团队预算目标达成，并获取相应的价值分享激励。正如受访的人力负责人表示，“链群内部的员工基本上都相互合作，因为他们是基于同一目标不同分工的工作。每个员工的目标实现了，团队目标也就达成了”。

基于数字中台和数字分析工具，链群合约系统将预算数据细化至每天、每个岗位的目标与执行变动，为滚动预算执行与调整提供详细的数据支持，提高了预算控制的精细程度。同时，员工拥有适度调整预算执行的权力，无论员工个人还是其他团队成员，当出现预算偏差时，团队内员工间能够相互合作，共同克服问题，保障了整体预算执行的完成度。

3.主动竞合强调预算沟通的必要性

作为内部控制的重要工具之一，良好的预算管理离不开内部顺畅的沟通机制。加强信息沟通是降低甚至消除信息不对称，使管理层与预算部门、预算部门与业务部门的目标趋于一致，提升预算管理效果的重要方式。尤其在数字时代，环境不确定性增强使得及时的信息沟通更为重要，预算沟通在实现预算目标过程中得到强化(刘凌冰等，2018)。

在海尔，链群团队内虽然不会有固定例会，但员工间会通过短信、微信、电话等方式及时沟通，保障团队的工作效率。当预算执行过程中发生异常或紧急情况时，链群合约系统会触发预警机制，通过短信、邮件等方式发送预警信息,团队会据此及时组织线下会议解决问题。此外,海尔还研发了 IHaier 内部交流 App,帮助团队随时成立在线工作群、发起线上会议,开展有效交流。通过将数字技术根植于团队经营管理活动中,链群合约系统能够提供数据预警支持,并搭建多种交流渠道提高预算沟通效率,为团队内和团队间主动式竞合提供支持与保障,解决预算执行困难。

(三)数字情境下组织授权与精准激励的协同作用

1.自主承诺促使个人、团队与企业目标精准融合

实现个人与组织的目标一致性是激励制度需要解决的根本问题(王斌等,2020)。企业可以通过统一价值来源、控制目标方向、公平获取机会、建立承诺型契约关系、授权与支持、自我管理、竞争与成长七个方面促进组织与员工目标融合(章凯等,2014)。在海尔,团队和个人激励能否实现取决于实现目标的高低和对应的价值增值分享比例大小。对链群团队而言,团队实现的目标越高,收益分享的空间就越大;对团队成员而言,个人对团队的价值贡献度越高,分享比例则会越高。这种激励制度在海尔被称为"高单高酬、低单低酬、无单无酬"。事前在链群合约中签订的目标和价值分享比例是事后业绩评价与激励兑现的依据。

链群合约的做法精准融合了个人目标、团队目标和企业目标。这是因为,团队成员属于同一利益共同体,他们获得个人激励的前提是必须完成团队目标。当团队目标无法实现时,团队内会形成倒逼机制,促使成员相互监督与奋进。链群合约制度解决了个人目标与团队目标存在的潜在冲突。由于团队目标是根据企业战略目标和团队竞争力确定的,因此团队目标和企业目标也具备一致性。此外,团队内和团队间的合作关系在这一过程中逐渐形成并

得到巩固。对团队内合作关系而言，只有员工间通力合作完成高目标，才能获得高绩效激励；对团队间合作关系而言，如果合作有助于两个或者多个团队完成各自的目标，那么这对所有团队来说是“共赢”，对团队和企业也是“双赢”。

2.三权下放要求精准测度员工投入和产出

由于无法精确衡量每个人在组织内的投入和产出水平，传统激励机制通常以企业整体业绩或分部业绩对员工进行奖惩，很容易造成团队成员“搭便车”问题，降低员工的公平感知和工作积极性（刘运国和郑明晖，2022）。随着数字技术的发展，企业可以利用数字工具搭建内部数字化激励平台，对员工行为和工作成果进行精准测度，确保员工绩效考核过程和结果的公平性（龚炎等，2019；孙新波等，2022）。

在数字中台的基础上，链群合约系统能够实时测度和记录每个员工每天的工作行为和预算执行进度，实现了价值数据的点状化管理。同时，利用内部搭建的价值动态测算模型，系统还可以对团队成员的价值贡献进行动态测算，并以 T＋1 的更新频率在团队内公开展示各节点执行进度和预计激励。海尔链群合约机制利用数字技术，通过对员工行为和工作结果进行精准测度与实时评价，提高了业绩激励的有效性，并解决了团队成员“搭便车”的问题。对员工投入和产出进行精准测度也有利于链群主更好地发挥用人权、决策权和分配权的作用。对员工预算目标执行进度精准把握，能够帮助链群主更清晰地了解团队现状并安排经营管理活动。对员工预算目标完成情况及其对团队价值贡献度的精准测量，可以帮助链群主判断价值分配比例和员工的去留，使得三权下放发挥更好的管理效果。

链群合约机制通过对员工投入和产出的精准测度，既提高了业绩考核过程和结果分配的公平性，解决了传统激励机制中“搭便车”难题，也使得三权下放发挥出更好的管理效果，提高员工的工作积极性和工作绩效，为个人、团队和企业创造更多价值。

3.主动竞合依赖于实时员工评价、自动兑现激励

绩效考核频率在不同性质的企业中表现不同，国有企业职业经理人考核包括试用期考核、年度绩效考核和任期绩效考核三类，民营企业则比较灵活。短期绩效考核更容易反映被评价对象的个人表现，但也更容易受到操纵，使管理者决策短视化。长期绩效考核能够进一步提升个体与组织利益一致性，降低代理成本。企业业绩考核应建立短期与中长期相结合的长效机制，形成企业和个人利益共同体（戴天婧，2022）。需要注意的是，越是基层经理和员工，考核周期越要短。传统的、一年一次的考核通常不如当下基于实际表现的评价更有价值，团队负责人需要至少每周一次与成员及时沟通，反馈过去业绩表现，并辅导成员改善业绩，促进团队目标的达成（谢素娟等，2023）。达成激励效果最后阶段的一个重要环节是激励兑现，按照契约及时、完整的激励兑现有助于进一步提高员工工作满意度，形成激励的良性循环。

链群团队除年度绩效考核外，由于采用日清化管理，团队内每个岗位的预算目标、目标完成情况、价值贡献度都会以 T＋1 的频率对整个团队透明公开。实时数据显示有助于链群主和成员把握团队与个人业绩情况，若有落后于目标进度的环节，成员间相互合作，共同克服问题。通过契约数字化，员工可以明确预算目标和激励间的客观标准与规则，即只有当团队满足契约中的预算目标要求时，团队中的个体才会得到奖励，并且个人对团队的价值贡献度越高，获得的激励越高。在链群完成合约签订的团队目标后，系统会根据事前约定的价值分配空间与比例，自动核算并结算薪酬至

各个成员账户。

链群合约系统通过对员工实时评价、明确激励规则、自动兑现激励等方式，为团队内和团队间主动式竞合提供支持与保障。一方面，由于链群合约系统可以对员工业绩进行实时评价，员工和团队既能够及时发现问题，并通过团队内相互合作与帮扶解决问题，也能够发现团队优势，与其他团队强强联合，发挥协同效应，创造更多价值。另一方面，主动式竞合的结果是对员工和团队业绩进行评价的重要依据，想要获得高评价和高激励，团队内和团队间不仅要相互合作与支持，更要为团队在未来经营管理中获得资源和机会倾斜而培养更强的竞争力。此外，链群合约系统在事后进行自动核算、评价与激励兑现，不仅为团队和个人主动竞合提供制度保障，也强化了预算目标的刚性执行。

根据前文对海尔链群合约机制的分析，在数字技术的加持下，组织授权与管理会计工具产生协同机制的理论模型如图 5.1 所示。

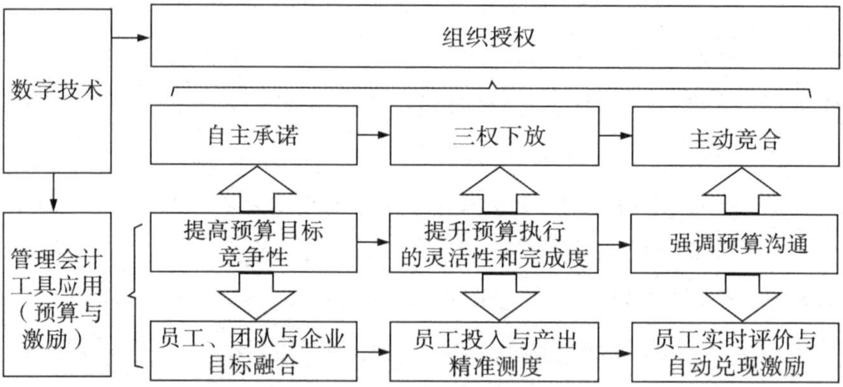

图 5.1　数字情境下组织授权与管理会计工具应用协同的理论模型

资料来源：作者根据访谈资料自行整理。

四、研究结论、理论贡献与启示

本章通过剖析海尔链群合约系统的机制原理，讨论了在数字情境下组织授权与管理会计工具如何协同，从而提高预算管理和激励管理效能，激发企业价值创造动力。研究发现：一是从组织授权角度看，通过自主承诺、三权下放和主动竞合，明确员工权责范围，提高员工工作动力，激励员工价值创造。利用数字技术，企业以数字契约化的方式进一步明确、固定组织授权的规则和价值导向。二是从预算管理角度看，在数字技术的帮助下，自主承诺促使预算目标更具竞争性，三权下放提升了预算执行的灵活性和完成度，主动竞合则强化了预算沟通的必要性。企业利用组织授权从预算目标制定、预算沟通、预算控制与执行等方面全面提升预算管理效能。三是从业绩评价与激励角度看，借助于数字系统，自主承诺促使员工、团队与企业目标精准融合，精准测度员工投入与产出，提高了三权下放的管理效果，对员工实时评价和激励兑现进一步激发了员工和团队主动竞合的动力。企业通过组织授权解决了激励中目标不一致、“搭便车”的问题，形成以精准目标、精准测度、实时评价、自动兑现为特征的精准激励制度。企业管理会计应用效果得到提升的同时，精准预算、精准激励制度也反过来进一步巩固组织授权的制度基础。

本章的贡献在于：从理论上纳入外部数字技术和内部制度基础两个维度的因素，分析如何提升管理会计应用效果，建立了数字情境下组织授权与管理会计工具应用的协同机制模型。从实践上展示了海尔数字系统搭建逻辑和组织授权制度内涵，为其他企业在未来更好地提升管理会计应用效果提供经验模板和实践启示。

想要管理会计应用发挥出更好的管理效果，除了考虑对管理会计工具、方法体系等管理会计知识的掌握程度，对外部环境、市场竞争、信息技术因素的把握外，还应该看到组织授权这种制度结构因素的影响。在数字时代背景下，企业如果能审视并提供管理会计应用的制度基础，数字技术应用可以促使制度结构和管理会计工具产生协同效应，实现真正的管理效果提升。当然，预算管理和激励管理等管理会计应用绝不仅仅是管理工具，更体现了一种企业管理文化或者理念。组织授权、精准预算和精准激励背后体现出的自我承诺、自我管理、主动竞合等理念，更应该内化于企业的共识与价值观之中。

第六章　研究结论与未来展望

本书采用探索性单案例研究方法，以海尔为研究对象，探索了组织内竞合关系的形成与演化过程及其赋能财务组织和管理会计工具的机制。具体而言，本书着重讨论并提出了数字情境下组织内竞合关系的形成与演化机制、组织内竞合与财务组织数字化转型机制，以及组织内竞合与管理会计工具协同机制。本章主要对前面各章节的研究结论做出进一步概括，并对本书的局限和不足加以说明，同时对未来可能开展的研究方向进行展望。

一、研究结论

首先，本书探索了组织内竞合关系的形成与演化过程，以及数字技术对这一过程的作用机制。研究发现：一是组织内竞合关系可以分为竞合治理原则设定、团队内竞合和团队间竞合三个层次。竞合治理原则为组织内竞合设定边界约束和正式制度，团队内竞合由"强竞争—弱合作"向"弱竞争—强合作"演化，团队间竞合则由"强竞争—弱合作"演化为"强竞争—强合作"。二是数字技术的作用机制主要表现在价值导向、能力激活与资源协同三个方面，体现了重塑组织价值创造方式的逻辑。三是与传统情境不同,数字情境下组织内竞合往往是自发形成的,呈现为动态的、复杂的网络结构,并以数字驱动为主,通过数据论证与赋能,激发组织内部价值创造能力。

其次,本书基于利益相关者视角,揭示了企业集团财务组织数字化转型的驱动因素,以及财务组织与内外部利益相关者实现价值共创与价值共享的竞合机制。研究发现,企业财务组织数字化转型需要以数字技术变革和企业自组织结构变革为前提,通过与内部利益相关者建立主动式竞合机制,与外部利益相关者建立合作主导关系,在提高运营管理效率、降低成本费用、增加研发创新等方面实现价值共创,并通过构建生态圈进行价值共享。

最后,本书通过剖析海尔链群合约系统的机制原理,讨论了在数字情境下组织授权与管理会计工具如何协同,从而提高预算管理和激励管理效能,激发企业价值创造动力。研究发现:一是组织授权通过自主承诺、三权下放和建立主动竞合机制,明确员工权责范围,提高员工工作动力,激励员工价值创造。利用数字技术,企业可以以数字契约化的方式进一步明确、固定组织授权的规则和价值导向。二是从预算管理角度看,在数字技术的帮助下,自主承诺促使预算目标更具竞争性,三权下放提升了预算执行的灵活性和完成度,主动竞合则强化了预算沟通的必要性。企业利用组织授权从预算目标制定、预算沟通、预算控制与执行等方面全面提升预算管理效能。三是从业绩评价与激励角度看,借助于数字系统,自主承诺促使个人、团队与企业目标精准融合,精准测度员工与产出提高了三权下放的管理效果,对员工实时评价和激励兑现,进一步激发了员工和团队主动竞合的动力。企业通过组织授权解决了激励中目标不一致、“搭便车”的问题,形成以精准目标、精准测度、实时评价、自动兑现为特征的精准激励制度。企业管理会计应用效果得到提升的同时，精准预算、精准激励制度也反过来进一步巩固组织授权的制度基础。

二、研究不足与未来展望

尽管本书对组织内竞合关系的形成与演化过程及其赋能财务组织和管理会计工具的机制进行了探讨，但仍存在一些不足之处有待未来研究继续完善。

首先，本书虽然在选取案例时充分考虑了所选案例的典型性与代表性，以提高研究结论的普适性，但本案例的研究发现在推广应用时仍存在一定的约束条件。例如，链群范式在海尔中的应用已得到理论与实践界的认可，但传统职能部门式组织结构在企业中仍占多数，因此本书的研究结论是否能够在其他企业适用，还有待进一步做出深入探讨。

其次，数字技术对于组织内竞合关系演化、财务组织数字化转型和管理会计工具应用都发挥了重要的积极作用，但数字技术的引入与应用也需要组织付出一定的代价，这意味着数字化存在“黑暗面”，这在本书中并没有得到关注，未来研究可以从数字化对组织内竞合、财务组织数字化转型和管理会计工具应用的潜在负面影响角度展开分析。

最后，组织内竞合、财务组织数字化转型并不是“一次性工程”，预算管理和激励管理等管理会计应用也绝不仅仅是管理工具，它们更应该反映和体现企业管理文化或者理念。组织内竞合、财务数字化、精准预算和精准激励背后体现出的自我承诺、自我管理、主动竞合等理念，更应该内化于企业的共识与价值观中，实现真正的、长远的管理效果提升。未来研究和实践可以关注数字技术与企业文化产生的交互影响。

参考文献

蔡莉、杨亚倩、卢珊等:《数字技术对创业活动影响研究回顾与展望》,《科学学研究》2019 年第 10 期。

曹裕、李想、胡韩莉等:《数字化如何推动制造企业绿色转型?——资源编排理论视角下的探索性案例研究》,《管理世界》2023 年第 3 期。

陈剑、黄朔、刘运辉:《从赋能到使能:数字化环境下的企业运营管理》,《管理世界》2020 年第 2 期。

陈威如、王节祥:《依附式升级:平台生态系统中参与者的数字化转型战略》,《管理世界》2021 年第 10 期。

池仁勇、梅小苗、阮鸿鹏:《智能制造与中小企业组织变革如何匹配?》,《科学学研究》2020 年第 7 期。

戴天婧:《国有企业职业经理人的绩效管理制度探索》,《管理会计研究》2022 年第 4 期。

戴天婧、汤谷良、彭家钧:《企业动态能力提升、组织结构倒置与新型管理控制系统嵌入:基于海尔集团自主经营体探索型案例研究》,《中国工业经济》2012 年第 2 期。

杜占河、原欣伟:《竞合的前因、过程与结果研究综述》,《管理现代化》2017 年第 5 期。

付广华:《信息生态治理对商业生态系统成员企业知识整合影响研究》,吉林大学博士学位论文,2019 年。

傅瑜、隋广军、赵子乐:《单寡头竞争性垄断:新型市场结构理论构建——基于互联网平台企业的考察》,《中国工业经济》2014 年第 1 期。

龚炎、李磊、于洪钧:《公司制的黄昏:区块链思维与数字化激励》,机械工业出版社 2019 年版。

郭润萍、尹昊博、陆鹏:《竞合战略、双元能力与数字化新创企业成长》,《外国经济与管理》2022 年第 3 期。

韩洪灵、陈帅弟:《数字商业生态系统研究:本质构成、技术支持与价值创造》,《湖北大学学报》(哲学社会科学版)2021 年第 4 期。

韩炜、杨俊、胡新华等:《商业模式创新如何塑造商业生态系统属性差异?——基于两家新创企业的跨案例纵向研究与理论模型构建》,《管理世界》2021 年第 1 期。

何帅、陈良华、叶茂然:《预算管理正式与非正式控制匹配效应的机理研究:基于预算双元能力的实证检验》,《会计研究》2022 年第 4 期。

胡斌、王莉丽:《物联网环境下的企业组织结构变革》,《管理世界》2020 年第 8 期。

胡贵毅、任崇明、王漫天:《建立面向利益相关者的企业集团财务组织:基于某外资大型超市集团财务组织变革的案例分析》,《会计研究》2008 年第 4 期。

胡元聪:《区块链技术激励机制的类型化分析》,《学术界》2021 第 1 期。

黄传峰、徐浩、冯佩雨等:《竞合战略的绩效影响及其管理实践:国外研究综述》,《南京工程学院学报》(社会科学版)2021年第2期。

黄传峰、张正堂、丁明智:《团队中的合作—竞争关系研究进展评述》,《商业研究》2015年第1期。

姜洪涛、王满:《管理会计工具应用层次:影响因素、整合机制与价值创造效应》,《会计研究》2020年第9期。

李东红、乌日汗、陈东:《"竞合"如何影响创新绩效:中国制造业企业选择本土竞合与境外竞合的追踪研究》,《管理世界》2020年第2期。

李平:《VUCA条件下的组织韧性:分析框架与实践启示》,《清华管理评论》2020年第6期。

李闻一、朱媛媛、刘梅玲:《财务共享服务中心服务质量研究》,《会计研究》2017年第4期。

刘浩、许楠、时淑慧:《内部控制的"双刃剑"作用:基于预算执行与预算松弛的研究》,《管理世界》2015年第12期。

刘凌冰、陈宝宝、韩向东:《环境不确定性对预算管理功能的调节效应研究》,《财务研究》2018年第2期。

刘梅玲、黄虎、佟成生等:《智能财务的基本框架与建设思路研究》,《会计研究》2020年第3期。

刘勤:《我国管理会计信息化发展体系探讨》,《财会通讯》2017年第22期。

刘勤、杨寅:《智能财务的体系架构、实现路径和应用趋势探讨》,《管理会计研究》2018年第1期。

刘勤、杨寅:《改革开放40年的中国会计信息化:回顾与展望》,《会计研究》2019年第2期。

刘洋、董久钰、魏江:《数字创新管理:理论框架与未来研究》,《管理世界》2020年第7期。

刘运国、郑明晖:《物联网生态时代的精准激励机制研究:基于海尔的案例》,《财会通讯》2022年第2期。

刘政、姚雨秀、张国胜等:《企业数字化、专用知识与组织授权》,《中国工业经济》2020年第9期。

刘智强、周空、倪佳豪等:《组织内竞合的研究评述与未来展望》,《管理学报》2019年第8期。

罗仲伟、李先军、宋翔等:《从“赋权”到“赋能”的企业组织结构演进:基于韩都衣舍案例的研究》,《中国工业经济》2017年第9期。

[美]马尔科·扬西蒂、罗伊·莱维恩:《共赢:商业生态系统对企业战略、创新和可持续性的影响》,王凤彬译,商务印书馆2006年版。

马蔷、李雪灵、刘京等:《数据资源对企业竞合战略选择的影响机理研究:基于平台理论的多案例研究》,《经济管理》2018年第2期。

毛基业、李高勇:《案例研究的“术”与“道”的反思:中国企业管理案例与质性研究论坛(2013)综述》,《管理世界》2014年第2期。

彭珍珍、顾颖、张洁:《动态环境下联盟竞合、治理机制与创新绩效的关系研究》,《管理世界》2020年第3期。

戚聿东、肖旭:《数字经济时代的企业管理变革》,《管理世界》2020年第6期。

曲永义:《数字创新的组织基础与中国异质性》,《管理世界》2022年第10期。

沙秀娟、王满、钟芳等:《价值链视角下的管理会计工具重要性研究:基于中国企业的问卷调查与分析》,《会计研究》2017年第4期。

苏敬勤、孙悦、高昕:《连续数字化转型背景下的数字化能力演化机理:基于资源编排视角》,《科学学研究》2022年第10期。

孙新波、何志伟、张庆强等:《数字激励:概念、过程与反思》,《外国经济与管理》2022 年第 12 期。

孙新波、孙浩博:《数字时代商业生态系统何以共创价值:基于动态能力与资源行动视角的单案例研究》,《技术经济》2022 年第 11 期。

汤谷良、高晨:《企业绩效评价体系的困境与转型》,《中国管理会计》2017 年第 1 期。

万幼清、王云云:《产业集群协同创新的企业竞合关系研究》,《管理世界》2014 年第 8 期。

王斌、顾惠忠:《内嵌于组织管理活动的管理会计:边界、信息特征及研究未来》,《会计研究》2014 年第 1 期。

王斌、任晨煜、卢闯等:《论管理会计应用的制度属性》,《会计研究》2020 年第 4 期。

王琳、陈志军:《价值共创如何影响创新型企业的即兴能力?——基于资源依赖理论的案例研究》,《管理世界》2020 年第 11 期。

汪翔、吴国东、孟卫东:《经典激励理论的困境及行为激励理论的解释》,《现代管理科学》2015 年第 5 期。

[英]维克托·迈尔-舍恩伯格、[法]肯尼斯·库克耶:《大数据时代:生活、工作与思维的大变革》,周涛等译,浙江人民出版社 2012 年版。

谢素娟、赵园春、王淇等:《企业预算业绩目标设定的理论主张与实操要点》,《管理会计研究》2023 年第 1 期。

谢志华、李莎、沈彦波:《新技术、企业组织变革与财务管理》,《财务研究》2020 年第 1 期。

徐晨阳、王满、沙秀娟等:《财务共享、供应链管理与业财融合:中国会计学会管理会计专业委员会 2017 年度专题研讨会》,《会计研究》2017 年第 11 期。

杨震宁、赵红:《中国企业的开放式创新:制度环境、"竞合"关系与创新绩效》,《管理世界》2020 年第 2 期。

章凯、李朋波、罗文豪等:《组织—员工目标融合的策略:基于海尔自主经营体管理的案例研究》,《管理世界》2014 年第 4 期。

张敏:《智能财务十大热点问题论》,《财会月刊》2021 年第 2 期。

张青、华志兵:《资源编排理论及其研究进展述评》,《经济管理》2020 年第 9 期。

张庆龙:《数字经济背景下集团财务组织架构转型趋势分析》,《财会月刊》2020 年第 14 期。

张巍:《激励为什么失效:理论、实践及启示》,《管理科学》2006 年第 4 期。

赵书松、赵旭宏、廖建桥:《组织情景下权力来源的类型、关系与趋势:一个跨层次分析框架》,《中国人力资源开发》2020 年第 1 期。

周江华、刘一凡、李纪珍:《部门间竞合关系对企业创新绩效的影响》,《科学学研究》2019 年第 4 期。

周杰、张卫国、韩炜:《国外关于企业间竞合关系研究的述评及展望》,《研究与发展管理》2017 年第 6 期。

Adam M. Brandenburger, Barry J. Nalebuff, *Co-opetition*, New York: Doubleday, 1996.

Anne S. Fernandez, Frédéric L. Roy, Devi R. Gnyawali, "Sources and Management of Tension in Co-opetition Case Evidence from Telecommunications Satellites Manufacturing in Europe", *Industrial Marketing Management*, 2014, 43(2): 222-235.

Annika Tidström, Asa Hagberg-Andersson, "Critical Events in Time and Space When Cooperation Turns into Competition in

Business Relationships", *Industrial Marketing Management*, 2012, 41(2):333-343.

Annika Tidström, "Managing Tensions in Coopetition", *Industrial Marketing Management*, 2014, 43(2):261-271.

Bernard M. Bass, Ruth Bass, *The Bass Handbook of Leadership: Theory, Research, and Managerial Applications*, New York:Free Press, 2008.

Birger Wernerfelt, "A Resource-Based View of the Firm", *Strategic Management Journal*, 1984, 5(2):171-180.

Bruce B. Tether, "Who Co-operates for Innovation and Why: An Empirical Analysis", *Research Policy*, 2002, 31(6): 947-967.

Christina M. Carnes, Francesco Chirico, Michael A. Hitt, et al., "Resource Orchestration for Innovation: Structuring and Bundling Resources in Growth-and Maturity-Stage Firms", *Long Range Planning*, 2017, 50(4):472-486.

Clint Chadwick, Janice F. Super, Kyoungnam Kwon, "Resource Orchestration in Practice: CEO Emphasis on SHRM, Commitment-Based HR Systems, and Firm Performance", *Strategic Management Journal*, 2015, 36(3):360-376.

Constance E. Helfat, Sydney Finkelstein, Will Mitchell, et al., *Dynamic Capabilities: Understanding Strategic Change in Organizations*, Malden:Blackwell, 2007.

David Bendig, Susanne Enke, Nadja Thieme, et al., "Performance Implications of Cross-Functional Coopetition in New Product Development: The Mediating Role of Organizational Learning", *Industrial Marketing Management*, 2018, 73(8): 137-153.

David G. Sirmon, Micheal A. Hitt, "Managing Resources: Linking Unique Resources, Management, and Wealth Creation in Family Firms", *Entrepreneurship Theory and Practice*, 2003, 27(4):339-358.

David G. Sirmon, Micheal A. Hitt, R. Duane Ireland, "Managing Firm Resources in Dynamic Environments to Create Value: Looking Inside the Black Box", *Academy of Management Review*, 2007, 32(1):273-292.

David G. Sirmon, Micheal A. Hitt, R. Duane Ireland, "Resource Orchestration to Create Competitive Advantage: Breadth, Depth, and Life Cycle Effects", *Journal of Management*, 2011, 37(5): 1390-1412.

Dennis A. Gioia, Kevin G. Corley, Andrew L. Hamilton, "Seeking Qualitative Rigor in Inductive Research: Notes on the Gioia Methodology", *Organizational Research Methods*, 2013, 16(1):15-31.

Douglas Hannah, Kathleen M. Eisenhardt, "How Firms Navigate Cooperation and Competition in Nascent Ecosystems", *Strategic Management Journal*, 2018, 39(12):3163-3192.

Dovev Lavie, Harmeet Singh, "The Evolution of Alliance Portfolios: The Case of Unisys", *Industrial and Corporate Change*, 2012, 21(3):763-809.

Dries Faems, Bart V. Looy, Koenraad Debackere, "Interorganizational Collaboration and Innovation: Toward A Portfolio Approach", *Journal of Product Innovation Management*, 2005, 22(2): 238-250.

Eric V. Hippel, "Lead Users: A Source of Novel Product

Concepts", *Management Science*, 1986,32(7): 791-805.

Erkko Autio, Luc Thomas, *Tilting the Playing Field: Towards an Endogenous Strategic Action Theory of Ecosystem Creation*, New Jersey:World Scientific Publishing, 2018.

Gregory Vial, "Understanding Digital Transformation: A Review and a Research Agenda", *The Journal of Strategic Information Systems*, 2019, 28(2):118-144.

James F. Moore, "Predators and Prey: A New Ecology of Competition", *Harvard Business Review*, 1993, 71(3):75-86.

James F. Moore, "The Rise of a New Corporate Form", *Washington Quarterly*, 1998, 21(1):167-181.

Javier Cenamor, Vinit Parida, Joakim Wincent, "How Entrepreneurial SMEs Compete Through Digital Platforms: The Roles of Digital Platform Capability, Network Capability, and Ambidexterity", *Journal of Business Research*, 2019, 35(3): 196-206.

Johan Sandberg, Jonny Holmstrom, Kalle Lyytinen, "Digitization and Phase Transitions in Platform Organizing Logics: Evidence from the Process Automation Industry", *MIS Quarterly*, 2020, 44(1):129-153.

Johann P. Murmann, Zi C. Zhu, "What Enables a Chinese Firm to Create New-to-the-world Innovations? A Historical Case Study of Intrafirm Coopetition in the Instant Messaging Service Sector", *Strategy Science*, 2021, 6(4):265-445.

Kathi J. Lovelace, Charles C. Manz, José C. Alves, "Work Stress and Leadership Development: The Role of Self-Leadership, Shared Leadership, Physical Fitness and Flow in Managing

Demands and Increasing Job Control", *Human Resource Management Review*, 2007, 17(4):374-387.

Kathleen M. Eisenhardt, Melissa E. Graebner, "Theory Building from Cases: Opportunities and Challenges", *Academy of Management Journal*, 2007, 50(1):25-32.

Katherine C. Kellogg, Melissa A. Valentine, Angèle Christin, "Algorithms at Work: The New Contested Terrain of Control", *Academy of Management Annals*, 2020, 14(1): 366-410.

Kirstie S. Ball, Stephen T. Margulis, "Electronic Monitoring and Surveillance in Call Centers: A Framework for Investigation", *New Technology, Work and Employment*, 2011, 26(2):113-126.

Liang Guo, Xiaole Wu, "Capacity Sharing between Competitors", *Management Science*, 2018, 64(8): 3554-3573.

Liang Li, Fa Su, Wei Zhang, et al., "Digital Transformation by SME Entrepreneurs: A Capability Perspective", *Information Systems Journal*, 2018, 28(6):1129-1157.

Magdy Abdel-Kader, Robert Luther, "The Impact of Firm Characteristics on Management Accounting Practices", *The British Accounting Review*, 2008, 40(1):2-27.

Maria Bengtsson, Sören Kock, "Coopetition in Business Networks-to Cooperate and Compete Simultaneously", *Industrial Marketing Management*, 2000, 29(5):411-426.

Maria Bengtsson, Tatbeeq Raza-Ullah, "A Systematic Review of Research on Coopetition: Toward a Multilevel Understanding", *Industrial Marketing Management*, 2016, 57(5):23-39.

Miao Cui, Shan L. Pan, Sean Newell, et al., "Strategy,

Resource Orchestration and E-commerce Enabled Social Innovation in Rural China", *Journal of Strategic Information Systems*, 2017, 26(1):3-21.

Ming W. Li, Su L. Jia, "Resource Orchestration for Innovation: The Dual Role of Information Technology", *Technology Analysis & Strategic Management*, 2018, 30(10):1136-1147.

Paavo Ritala, "Coopetition Strategy-When Is It Successful? Empirical Evidence on Innovation and Market Performance", *British Journal of Management*, 2012, 23(3):307-324.

Peter J. Williamson, Arnoud D. Meyer, "Ecosystem Advantage", *California Management Review*, 2012, 55(1):24-46.

Pierre Dussauge, Bernard Garrette, Will Mitchell, "Learning from Competing Partners: Outcomes and Durations of Scale and Link Alliances in Europe, North America and Asia", *Strategic Management Journal*, 2000, 21(2):99-126.

Prince K. Senyo, Ke F. Liu, John Effah, "Digital Business Ecosystem: Literature Review and a Framework for Future Research", *International Journal of Information Management*, 2019, 47(8):52-64.

Raphael Amit, Xu Han, "Value Creation Through Novel Resource Configurations in a Digitally Enabled World", *Strategic Entrepreneurship Journal*, 2017, 11(3):228-242.

René Belderbos, Carree Martin, Lokshin Boris, "Cooperative R&D and Firm Performance", *Research Policy*, 2004, 33(10):1477-1492.

Ricarda Bouncken, Johanna Gast, Sascha Kraus, "Coopetition: A Systematic Review, Synthesis, and Future Research Directions",

Review of Managerial Science, 2015, 9(3):577-601.

Ricarda Bouncken, Viktor Fredrich, "Coopetition: Performance Implications and Management Antecedents", *International Journal of Innovation Management*, 2012, 16(5):1-28.

Richard Makadok, "Toward a Synthesis of the Resource-Based and Dynamic-Capability Views of Rent Creation", *Strategic Management Journal*, 2001, 22(5):387-401.

Robert K. Yin, *Case Study Research: Design and Methods*, London:Sage Publications, 2013.

Ron Adner, Constance E. Helfat, "Corporate Effects and Dynamic Managerial Capabilities", *Strategic Management Journal*, 2003, 24(10):1011-1025.

Ron Adner, "Ecosystem as Structure: An Actionable Construct for Strategy", *Journal of Management*, 2017, 43(1):39-58.

Ron Adner, Rahul Kapoor, "Innovation Ecosystems and the Pace of Substitution: Re-examining Technology S-curves", *Strategic Management Journal*, 2016, 37(4):625-648.

Ronald F. Piccolo, Jason A. Colquitt, "Transformational Leadership and Job Behaviors: The Mediating Role of Core Job Characteristics", *Academy of Management Journal*, 2006, 49(2):327-340.

Scott E. Seibert, Gang Wang, Stephen H. Courtright, "Antecedents and Consequences of Psychological and Team Empowerment in Organizations: A Meta-analysis Review", *Journal of Applied Psychology*, 2011, 96(5):981-1003.

Seungwha A. Chung, Gyeong M. Kim, "Performance Effects

of Partnership Between Manufacturers and Suppliers for New Product Development: The Supplier's Standpoint", *Research Policy*, 2003, 32(4):587-603.

Shahla Ghobadi, John Campbell, Stewart Clegg, "Pair Programming Teams and High-quality Knowledge Sharing: A Comparative Study of Coopetitive Reward Structures", *Information System Frontiers*, 2017, 19(2):397-409.

Shahla Ghobadi, John D'Ambra, "Coopetitive Relationships in Cross-functional Software Development Teams: How to Model and Measure?", *Journal of Systems and Software*, 2012, 84(5): 1096-1104.

Tanguy Catlin, John Scanlan, Philip Willmott, "Raising Your Digital Quotient", *McKinsey Quarterly*, 2015, 1:1-14.

Theresa Libby, Mark R. Lindsay, "Beyond Budgeting or Budgeting Reconsidered? A Survey of North-American Budgeting Practice", *Management Accounting Research*, 2010, 21(1):56-75.

Thomas Hess, Cotton Matt, Alexander Benlian, et al., "Options for Formulating a Digital Transformation Strategy", *MIS Quarterly*, 2016, 15(2):123-139.

Thuy Seran, Estelle Pellegrin-Boucher, Calin Gurau, "The Management of Coopetitive Tensions within Multi-unit Organizations", *Industrial Marketing Management*, 2016, (53): 31-41.

Wojciech Czakon, Patrycja Klimas, Mauro Mariani, "Behavioral Antecedents of Coopetition: A Synthesis and Measurement Scale", *Long Range Planning*, 2020, 53(1):137-153.

Ya D. Luo, "A Copetition Perspective of MNC-host

Government Relations", *Journal of International Management*, 2004, 10(4):431-451.

Ya D. Luo, " A Coopetition Perspective of Global Competition", *Journal of World Business*, 2007, 42(2):129-144.

Ya D. Luo, Huai C. Rui, "An Ambidexterity Perspective toward Multinational Enterprises from Emerging Economies", *The Academy of Management Perspectives*, 2009, 23(4):49-70.

Youngjin Yoo, Richard J. Boland, Kalle Lyytinen, et al., "Organizing for Innovation in the Digitized World", *Organization Science*, 2012, 23(5):1398-1408.

Yusoo Kim, Yisu Chen, Kevin Linderman, "Supply Network Disruption and Resilience: A Network Structural Perspective", *Journal of Operations Management*, 2015, 33(1): 43-59.